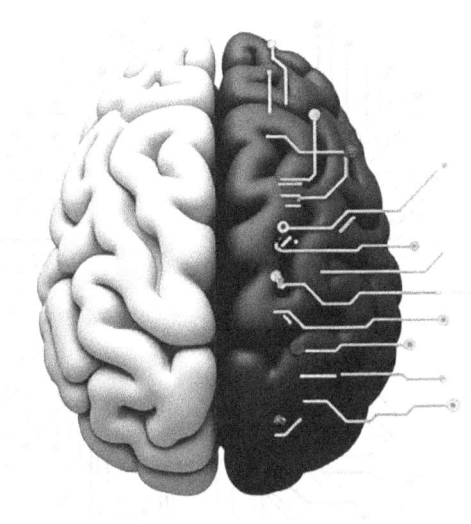

Inteligencia Artificial (IA): La Carrera Que Ya Nadie Detendrá

"Un vistazo al mundo y a la sociedad que ya no serán igual"

Dedicatoria

A Ariannis Elliot García, cuya ausencia ha marcado mi vida y mi camino impulsándome a buscar dentro de mí mismo el verdadero sentido de la vida. Este libro es un reflejo de mi viaje personal.

Preámbulo

En la era digital en la que vivimos, la inteligencia artificial (IA) ha emergido como una fuerza transformadora que está redefiniendo nuestras vidas, desde la manera en que nos comunicamos hasta cómo trabajamos y nos entretenemos. Sin embargo, a pesar de su creciente presencia en nuestro día a día, muchos de nosotros seguimos teniendo una relación distante y a menudo, confusa con esta fascinante tecnología.

Este libro nace no solo de la curiosidad, sino también de un momento personal de reflexión y autodescubrimiento. En un tiempo difícil de mi vida, donde la búsqueda de respuestas y la comprensión de mi entorno se han vuelto esenciales, deseo desmitificar la inteligencia artificial. Quiero que este tema sea accesible a todos aquellos que, como yo, quieren entender cómo funciona y cómo está moldeando nuestro futuro.

No se trata de abrumar al lector con jerga técnica o conceptos complicados, sino de ofrecer una guía amigable que despierte el interés y la comprensión. A lo largo de estas páginas, exploraremos qué es la inteligencia artificial (IA), cómo se manifiesta en nuestro mundo cotidiano, y cuáles son sus implicaciones y riesgos para nuestras vidas. Desde los asistentes virtuales en nuestros teléfonos hasta los algoritmos que deciden qué series ver o qué productos comprar, la IA está en todas partes, actuando como un compañero invisible que nos ayuda a navegar por la complejidad del mundo moderno.

Pondré mi mejor empeño en usar sólo los términos técnicos estrictamente necesarios para asegurar una comprensión clara, evitando cualquier exceso que pueda abrumar al lector. Mi objetivo es que cada concepto sea accesible y práctico, permitiendo que te sumerjas en este tema sin complicaciones innecesarias

Además, abordaremos preguntas importantes sobre la ética y el futuro de la IA. En un momento en que las tecnologías avanzan a un ritmo vertiginoso, es fundamental reflexionar sobre cómo queremos que se integre la IA en nuestras vidas, asegurando que beneficie a la sociedad en su conjunto.

Este viaje a través de la inteligencia artificial está diseñado para estimular la curiosidad y el pensamiento crítico, animando a los lectores a profundizar más en este apasionante campo. Espero que este libro no solo informe, sino que también inspire y motive a cada uno de ustedes a explorar las maravillas de la IA, así como sus desafíos, convirtiéndose en participantes activos en este emocionante capítulo de la historia humana.

Mientras comparto mis reflexiones y descubrimientos, también ofrezco un vistazo a mi propia historia, en un momento de búsqueda y transformación.

Bienvenidos a un mundo donde la inteligencia artificial se ha convertido en una parte esencial de nuestro presente y futuro.

Índice

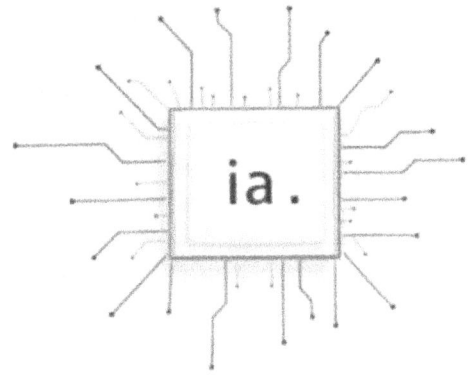

1. Introducción a la Inteligencia Artificial

	Pag.
1.1. ¿Qué es la inteligencia artificial?	19
1.2. Breve historia de la IA	20
1.2.1. Mitos y Filosofía: Las Primeras Ideas sobre Máquinas Pensantes en Grecia	20
1.2.2. De la primera a la cuarta Revolución industrial	21
1.2.3. Nacimiento de la IA	23
1.2.4. Test de Turing	24
1.3. ¿Por qué la IA es importante hoy en día?	25
1.4. Importancia de subirse al "barco" de la IA	27

2. La IA en Nuestro Mundo

2.1. La IA: El Fantasma que Nunca Vimos y cada día crece más y más	33
2.2. Impacto de la IA en diversas industrias (salud, transporte, entretenimiento)	34

3. ¿Cómo funciona la IA?

Pag.

3.1 Cómo funciona el cerebro humano mediante las redes neuronales   39

3.2. Redes Neuronales Artificiales: imitando el Cerebro Humano   41

    3.2.1. Machine learning (Aprendizaje automático) 43

    3.2.2. Deep learning (Aprendizaje profundo)   45

    3.2.3. Big data   49

3.3. Clasificación de la IA   50

3.4. IA: Dónde Estamos y Hacia Dónde Vamos   58

3.5. Que es un modelo de inteligencia artificial   60

3.6. Que es un Promt   62

4. Aplicaciones Sorprendentes de la IA

4.1. Asistentes virtuales: tus compañeros digitales   69

4.2. Innovaciones en salud: diagnósticos y Tratamientos   74

Pag.

4.3. Robótica: máquinas que ayudan en el hogar
y en la industria   78

4.4. La IA Revolucionando la Educación: Un Nuevo
Horizonte de Aprendizaje   82

4.5. La IA en la Seguridad: Un Nuevo Paradigma   84

4.6. Inteligencia Artificial: Mejorando el Transporte
Y la Navegación Aérea   87

4.7. La IA en el comercio: Un nuevo paradigma en
la experiencia de compra   90

4.8. Inteligencia Artificial al Servicio del Planeta:
Soluciones para un Medio Ambiente Sostenible   94

4.9. La Era de la IA: Innovación y Entretenimiento al
Alcance de Todos   97

4.10. Inteligencia Artificial en el Trabajo: Innovaciones
en Diversas   Profesiones   101

4.11. IA aplicada al turismo   104

5. Ética y desafíos de la IA

5.1. Consideraciones éticas en el desarrollo de IA   107

	Pag.

5.2. Sesgos y equidad en algoritmos — 112

5.3. Privacidad y seguridad de datos — 113

5.4. Impacto en el empleo y la economía — 114

    5.4.1. Caso de Klarna una empresa sueca de ventas por línea — 119

6. El Futuro de la IA

6.1. Tendencias y avances que están por venir — 123

6.2. ¿Qué podría significar la IA para nuestro futuro? 126

6.3. Cómo la IA puede transformar nuestra sociedad 128

7. Mitos y Realidades sobre la IA

7.1. Desmitificando la inteligencia artificial — 133

7.2. La IA en la cultura popular: películas y libros — 134

Pag.

8. Casos de Estudio

8.1. Empresas líderes en IA   141

9. Cómo Empezar a Aprender sobre IA

9.1. Recursos accesibles para aprender más   147

9.2. Comunidades y grupos de discusión   149

10. Reflexiones Finales

10.1. La IA como herramienta: oportunidades y desafíos   153

10.2. La curiosidad como motor de aprendizaje en IA   155

10.3. Conclusiones   157

11. Glosario para Curiosos   161

12. Referencias   165

1. Introducción a la Inteligencia Artificial

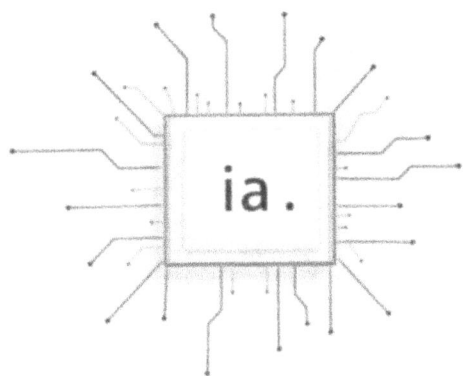

1.1. ¿Qué es la inteligencia artificial?

Inteligencia Artificial (IA)

Definición:

Es una rama de la informática que se centra en la creación de sistemas y programas capaces de realizar tareas que, normalmente, requieren inteligencia humana. Estas tareas incluyen el aprendizaje, el razonamiento, la percepción y la toma de decisiones. La IA utiliza algoritmos y modelos matemáticos para procesar datos, reconocer patrones y adaptarse a nueva información, lo que permite a las máquinas simular capacidades cognitivas humanas y ejecutar funciones de manera autónoma o semi-autónoma en diversos ámbitos, desde la atención médica hasta la automatización industrial y la interacción con usuarios.

En palabras más simples:

"La IA es como un " Súper cerebro artificial" que ayuda a las máquinas a aprender y hacer cosas que normalmente harían las personas, como tomar decisiones, aprender de la experiencia o resolver problemas. También puede reconocer voces, imágenes y textos, lo que significa que puede entender lo que decimos y ver lo que hay en fotos. Además, puede hablar con nosotros y responder a nuestras preguntas, lo que la convierte en una herramienta muy útil en nuestra vida diaria."

1.2. Breve historia de la IA

1.2.1. Mitos y Filosofía: Las Primeras Ideas sobre Máquinas Pensantes en Grecia

Las ideas sobre máquinas pensantes y autómatas se remontan a la antigua Grecia principalmente entre los siglos V y III a.C.

El escritor griego más destacado que habló sobre máquinas pensantes y autómatas fue Aristóteles. En su obra "Política", Aristóteles discute la idea de que las herramientas y máquinas podrían realizar tareas de manera automática, lo que sugiere un interés en cómo podrían imitar la acción humana.

Además, en "Las obras de Hefesto", los mitos y relatos sobre Hefesto, el dios de la forja, mencionan la creación de autómatas y seres mecánicos que, aunque son mitológicos, reflejan el deseo de la humanidad de crear entidades que realicen tareas de forma autónoma. De esta manera, el primer robot que caminó sobre la Tierra fue un gigante de bronce llamado Talos. Esta maravillosa máquina no fue creada por OpenAI ni por NVIDIA, sino por Hefesto, el dios griego de la "invención", hace más de 2.500 años.

Aunque no se refieren directamente a "máquinas pensantes" en el sentido moderno, sus escritos y la mitología griega en general muestran una fascinación por la idea de seres o mecanismos que pudieran simular la inteligencia o la acción humana.

El pensamiento lógico de Aristóteles es fundamental para entender los principios de la inteligencia artificial (IA), ya que muchas de las bases de la lógica moderna y el razonamiento automatizado se remontan a sus ideas. Con esto la comprensión y aplicación de la lógica aristotélica permiten a los sistemas de IA operar de manera más eficiente y efectiva en la resolución de problemas complejos.

1.2.2. De la primera a la cuarta revolución industrial

La Primera Revolución Industrial (mediados del siglo XVIII a principios del XIX) marcó un cambio radical en la historia de la humanidad. Comenzó en Inglaterra y se expandió rápidamente por Europa y Estados Unidos. Este período se caracterizó por la mecanización de la producción y el surgimiento de fábricas, especialmente en las industrias textil y siderúrgica. La máquina de vapor, desarrollada por James Watt, fue el motor de este cambio, facilitando el transporte y la producción a gran escala. La agricultura también se transformó con nuevas técnicas y maquinaria, lo que permitió alimentar a una creciente población urbana.

La Segunda Revolución Industrial (finales del siglo XIX a principios del XX) fue una expansión de la primera, con avances significativos en la producción en masa. Se desarrollaron nuevas fuentes de energía como la electricidad y el petróleo, y hubo avances en la industria química, la ingeniería y las comunicaciones. Los trenes y el telégrafo facilitaron la conexión entre continentes. Además, el motor de combustión interna y la producción en serie, ejemplificada por las fábricas de automóviles de Henry Ford, revolucionaron el transporte y la manufactura.

La Tercera Revolución Industrial, también llamada Revolución Digital o Revolución Informática, comenzó a mediados del siglo XX. Este período se distingue por la automatización de la producción mediante el uso de la informática, la electrónica y las telecomunicaciones. La invención de la computadora, el desarrollo de la internet y la integración de sistemas cibernéticos transformaron no sólo las fábricas, sino también las oficinas y la vida cotidiana. La capacidad de procesar grandes cantidades de información y conectar al mundo en tiempo real cambió radicalmente las dinámicas económicas, sociales y políticas.

Finalmente, la Cuarta Revolución Industrial (4RI), en curso, se caracteriza por la fusión de tecnologías físicas, digitales y biológicas. Esta revolución está impulsada por avances como la inteligencia artificial (IA), el Internet, el Big Data, impresión 3D, robótica avanzada, biotecnología, así como la realidad virtual y aumentada. Estas innovaciones están automatizando procesos y cambiando la forma en que vivimos y trabajamos, generando beneficios y desafíos éticos y sociales a una velocidad exponencial sin precedentes.

1.2.3. Nacimiento de la IA

La historia de la inteligencia artificial (IA) comienza formalmente en 1956 con la Conferencia de Dartmouth, organizada por John McCarthy, donde se acuñó el término "Inteligencia Artificial". Sin embargo, como lo vimos, la idea de crear máquinas "inteligentes" se remonta a siglos anteriores, con conceptos como los autómatas mecánicos y los sueños de pensadores como Alan Turing, quien en 1950 propuso el Test de Turing para evaluar la inteligencia de una máquina.

En las décadas de 1950 y 1960, la IA ganó impulso con avances en programación y el desarrollo de los primeros lenguajes de IA, como LISP, creado por McCarthy. Los primeros programas de IA eran capaces de resolver problemas matemáticos y jugar al ajedrez de manera limitada.

En los años 70's, el entusiasmo inicial por la IA disminuyó durante un período conocido como el "invierno de la IA", debido a las limitaciones tecnológicas y la falta de resultados prácticos. Sin embargo, en los años 80's, la IA renació con los sistemas expertos, que imitaban el juicio humano en áreas específicas, y con el desarrollo de redes neuronales.

A partir de los 90's, el auge de la computación, los avances en aprendizaje automático (machine learning) y la disponibilidad de grandes cantidades de datos (big data) impulsaron el desarrollo de la IA moderna. En 1997, el superordenador de IBM, Deep Blue, venció al campeón de ajedrez Garry Kasparov, marcando un hito.

Desde entonces, la inteligencia artificial (IA) ha avanzado de manera rápida y exponencial en áreas como el aprendizaje profundo (deep learning), con aplicaciones en reconocimiento de voz, procesamiento del lenguaje natural y automatización industrial. Otra muestra fehaciente de este desmesurado avance es la Ley de Moore, propuesta en 1965 por Gordon Moore, quien predijo que el número de transistores en un chip se duplicaría aproximadamente cada dos años, permitiendo aumentar la potencia y reducir los costos de los microprocesadores. En 1965, se podían colocar alrededor de 2,300 transistores en un chip. Gracias a los avances tecnológicos, hoy en día los chips más avanzados, como los de procesadores de empresas como Intel y NVIDIA, pueden contener más de 50 mil millones de transistores, lo que ha permitido la creación de dispositivos más rápidos y eficientes, confirmando y respaldando por muchos años la ley propuesta por Moore.

Sin embargo, aunque este crecimiento ha sido impresionante, en los últimos años el ritmo ha comenzado a desacelerarse debido a los límites físicos de la miniaturización de los transistores.

1.2.4. Test de Turing

Alan Turing considerado uno de los padres de la informática y la computación fue un matemático inglés, quien desarrolló en 1950 el test de Turing que inicialmente llamo "El juego de la imitación" pero la historia lo rebautizaría como el "Test de Turing". Este consiste en que un humano mantiene una conversación con una

computadora y otra persona, pero sin saber quién de los dos conversadores es realmente una máquina.
El objetivo de este experimento es determinar si la inteligencia artificial puede imitar las respuestas humanas. Por ello, el humano hace preguntas tanto a la otra persona como al chatbot y si no puede identificar si alguno de los dos sujetos es o no una máquina, la computadora habrá pasado con éxito la prueba de Turing.

Turing predijo que las máquinas pasarían la prueba tarde o temprano, de hecho, el estimaba que para el año 2000, las máquinas con al menos 100 MB de almacenamiento podrían engañar a un 30 % de los jueces humanos en una prueba de 5 minutos, sin embargo en 2014, durante un concurso en honor a Alan Turing, Eugene Goostman, un chatbot que personifica a un niño ucraniano de 13 años, logró convencer al 33% de los jueces del evento de que era un humano. Este resultado lo coronó como la primera máquina de la historia en superar el Test de Turing.

1.3. ¿Por qué la IA es importante hoy en día?

La inteligencia artificial (IA) es cada vez más importante en nuestras vidas y tiene un impacto significativo en muchos aspectos. Por un lado, está transformando sectores enteros, como la salud y la educación. Por ejemplo, en el sector salud, la IA ayuda a analizar datos médicos, hacer diagnósticos más precisos y ofrecer tratamientos personalizados. Esto no solo mejora la atención al paciente, sino que también hace que los procesos sean más eficientes.

En la manufactura, la IA optimiza la producción y mejora la cadena de suministro, lo que permite a las empresas ser más productivas y reducir costos. También juega un papel crucial en la toma de decisiones. Las empresas pueden utilizar la IA para analizar grandes volúmenes de datos, identificar patrones y predecir comportamientos, lo que les ayuda a tomar decisiones más informadas.
Además, la IA permite personalizar experiencias para los usuarios. Plataformas como Netflix y Amazon utilizan algoritmos para sugerir contenido o productos que realmente podrían interesarte, haciendo que la experiencia de compra y entretenimiento sea mucho más agradable.

Otra ventaja de la IA es su capacidad para automatizar tareas repetitivas. Esto libera a las personas para que se concentren en trabajos más creativos y estratégicos, lo que puede hacer que la gente esté más satisfecha con su trabajo. En la ciencia, la IA está impulsando descubrimientos, como nuevos medicamentos y avances en la exploración espacial, al analizar datos de manera más eficiente.

La IA también tiene un papel importante en la sostenibilidad, ayudando a abordar problemas como el cambio climático. Puede optimizar el uso de recursos energéticos y predecir desastres naturales, contribuyendo a un mundo más sostenible.

En términos de seguridad, la IA mejora la protección en varias áreas, desde detectar ciberataques en tiempo real hasta ayudar en la vigilancia y prevención del delito mediante el análisis de datos. Aunque hay preocupaciones sobre la automatización y la posible pérdida de empleos, la IA también está creando nuevas oportunidades laborales en campos como el desarrollo de software y la ética de la IA.

Sin embargo, con el crecimiento de la IA también vienen desafíos. Es importante abordar temas como la privacidad, el sesgo en los algoritmos y la responsabilidad en las decisiones que toman las máquinas. Esto ha llevado a un enfoque en la creación de regulaciones y prácticas éticas en el desarrollo de la IA.

Dicho de otra forma, la inteligencia artificial está cambiando la forma en que vivimos y trabajamos. Su capacidad para transformar sectores e industrias, mejorar la toma de decisiones, personalizar experiencias y enfrentar grandes desafíos globales la convierte en una herramienta esencial en nuestra vida diaria. A medida que la IA continúa avanzando, entender su impacto y cómo utilizarla de manera responsable será más importante que nunca.

1.4. Importancia de subirse al "barco" de la IA

En un mundo donde la tecnología avanza a pasos agigantados, subirse al "barco" de la inteligencia artificial (IA) me atrevería a decir que se ha convertido en una obligación y no solo una opción. La IA está transformando radicalmente la forma en que trabajamos, aprendemos y nos comunicamos, y aquellos que se preparen y adquieran conocimientos sobre esta tecnología estarán mejor posicionados para enfrentar los cambios que se avecinan. El mercado laboral está en constante evolución y la IA está impulsando una transformación sin precedentes en muchas industrias. Desde la salud hasta el marketing, la IA está optimizando procesos y creando nuevas oportunidades laborales. Al aprender sobre IA, te equiparás con habilidades relevantes que te ayudarán a destacar en un entorno competitivo. No solo asegurarás un lugar en la fuerza laboral del futuro, sino que también te convertirás en un recurso valioso para tu empresa.

La IA no solo está cambiando los roles existentes, sino que también está creando nuevos puestos de trabajo que antes no existían. Aquellos que se familiaricen con la IA tendrán acceso a oportunidades únicas en campos emergentes. Además, la capacidad de utilizar herramientas de IA puede incrementar su productividad, permitiéndole enfocarse en tareas más estratégicas y creativas. Esto no solo mejorará su rendimiento, sino que también hará que su trabajo sea más gratificante.

Conocer sobre IA no solo es beneficioso en el ámbito laboral; también te empodera en tu vida personal. Desde aplicaciones que simplifican tus tareas diarias hasta herramientas de aprendizaje que se adaptan a tus necesidades, la IA puede mejorar tu calidad de vida. Al entender cómo funciona, podrás utilizar estas tecnologías de manera más efectiva, optimizando tu tiempo y recursos.

La IA también juega un papel crucial en la resolución de problemas globales, como el cambio climático, la atención médica y la educación. Al informarte sobre esta tecnología, no solo te beneficias a ti mismo, sino que te conviertes en parte de una comunidad que busca generar un impacto positivo en el mundo. Puedes ser parte de la solución y ayudar a implementar cambios significativos en la sociedad.

Hoy en día, hay una gran cantidad de recursos disponibles para aprender sobre IA, desde cursos en línea hasta talleres y seminarios. Esta es una oportunidad invaluable para expandir tus conocimientos y habilidades en un campo emocionante y en constante evolución. Además, te conectarás con personas que comparten tus intereses y te inspirarán a seguir creciendo.

Subirse al "barco" de la inteligencia artificial es esencial para prepararse ante los cambios que ya iniciaron y que nada ni nadie detendrán. Con la IA transformando el mercado laboral, generando nuevas oportunidades y empoderándote en tu vida diaria, conocer más sobre esta tecnología no solo es ventajoso, sino necesario. No esperes más: comienza hoy mismo a explorar el mundo de la IA y asegúrate de estar listo para el futuro que ya está aquí.

"Te subes a la ola de la inteligencia artificial o dejas que la ola te revuelque en un mar de oportunidades perdidas."

2. La IA en Nuestro Mundo

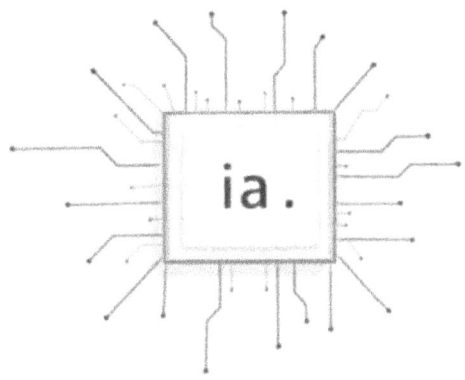

2.1. La IA: El Fantasma que Nunca Vimos y cada día crece más y más.

En nuestra vida cotidiana, ya utilizamos diversas formas de inteligencia artificial sin darnos cuenta. Por ejemplo, los asistentes virtuales como Siri, Google Assistant y Alexa nos ayudan a gestionar tareas y responder a preguntas a través de comandos de voz. Cuando navegamos por plataformas como Netflix, Spotify o YouTube, la IA analiza nuestras preferencias y comportamientos para sugerir contenido que podría interesarnos, facilitando así la búsqueda de nuevas películas o música.

Además, los sistemas de correo electrónico, como Gmail, cuentan con filtros de spam impulsados por IA, que identifican y eliminan correos no deseados basándose en patrones aprendidos. En las redes sociales, aplicaciones como Facebook e Instagram utilizan algoritmos de reconocimiento facial para etiquetar automáticamente fotos y sugerir amigos, haciendo más sencilla nuestra experiencia en estas plataformas; sin embargo, este servicio se suspendió en 2021 por considerarlo invasor de la privacidad del usuario.

Los chatbots también son una forma común de IA que muchas empresas emplean en sus sitios web para atender consultas de clientes, proporcionar información y resolver problemas de manera rápida y eficiente. Al utilizar aplicaciones de navegación como Google Maps o Waze, la IA nos ayuda a encontrar las rutas más óptimas, predecir el tráfico y ofrecer información en tiempo real sobre las condiciones de la carretera.

En el ámbito empresarial, herramientas de análisis utilizan IA para procesar grandes volúmenes de datos, identificar tendencias y generar informes que ayudan a las empresas a tomar decisiones informadas, en seguridad se emplean sistemas modernos de inteligencia artificial para detectar movimientos sospechosos o reconocer rostros, lo que mejora la seguridad en entornos públicos y privados.

Cadenas comerciales como Walmart y algunos bancos son otro claro ejemplo de cómo la inteligencia artificial (IA) se ha implementado en nuestras vidas desde hace varios años, a través de cajas autopago, cajeros automáticos multifuncionales y aplicaciones bancarias. Estas tecnologías han transformado la manera en que realizamos compras y transacciones financieras, ofreciendo mayor eficiencia, comodidad y seguridad en cada interacción.

Todos estos ejemplos y muchos más reflejan cómo la inteligencia artificial se ha integrado cada vez más de manera natural en nuestras rutinas diarias, mejorando la eficiencia y la personalización sin que muchas veces seamos conscientes de su presencia.

2.2. Impacto de la IA en diversas industrias (salud, transporte, entretenimiento)

El impacto de la inteligencia artificial (IA) en diversas industrias y sectores ha sido transformador, mejorando la eficiencia, la precisión y la personalización en numerosas áreas. En la salud, la IA ayuda a diagnosticar enfermedades con mayor rapidez y exactitud, permitiendo tratamientos personalizados basados en datos médicos. En el sector financiero, la IA facilita la detección de fraudes y optimiza la toma de decisiones de inversión mediante el análisis de grandes volúmenes de datos. En el comercio, las plataformas utilizan IA para ofrecer recomendaciones personalizadas y mejorar la experiencia del cliente tanto en tiendas físicas como en línea.

La manufactura también se ha beneficiado de la IA, con fábricas inteligentes donde los robots automatizan tareas complejas y predicen fallos, lo que reduce costos y mejora la producción. En el transporte, la IA impulsa el desarrollo de vehículos autónomos y optimiza la logística, mejorando la seguridad y la eficiencia de las entregas. En la educación, la IA permite personalizar el aprendizaje, adaptando el contenido a las necesidades individuales de los estudiantes.

Es fundamental destacar que las empresas que no incorporen la IA en sus procesos corren el riesgo de volverse obsoletas. En un entorno cada vez más competitivo, aquellas que no adopten esta tecnología perderán oportunidades valiosas frente a competidores que sí lo hagan. Por eso, es crucial involucrarse en temas de IA, dado que todas las empresas irán en esa dirección. La integración de la IA no solo mejora la productividad y la calidad del servicio, sino que también es esencial para innovar y adaptarse a un mercado en constante evolución. En resumen, prepararse y aprender sobre IA es vital para mantenerse relevante y prosperar en el futuro.

3. ¿Cómo funciona la IA?

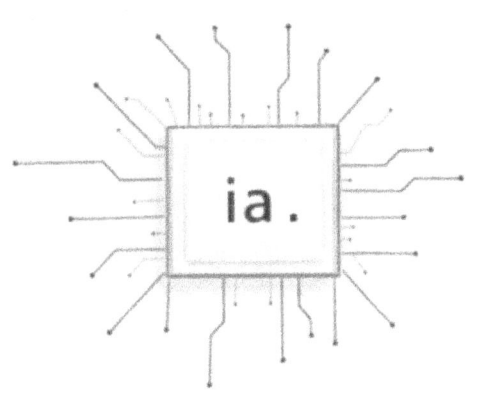

3.1 Cómo funciona el cerebro humano mediante las redes neuronales

El cerebro humano es la estructura más compleja y enigmática en el universo se compone por aproximadamente 86 mil millones de neuronas las cuales forman una vasta red interconectada, formando lo que se conoce como redes neuronales biológicas, las cuales hacen que el cerebro funcione. Estas neuronas son células nerviosas que transmiten información a través de señales eléctricas y químicas. Cada neurona se comunica con otras a través de sinapsis, que son conexiones donde se liberan neurotransmisores, permitiendo que las señales se transmitan de una célula a otra.

Cuando una neurona recibe suficiente estimulación, se activa y envía un impulso eléctrico llamado potencial de acción a lo largo de su axón, una extensión larga que conecta con otras neuronas. Este impulso se propaga a lo largo del axón y al llegar a las terminales axónicas, desencadena la liberación de neurotransmisores en la sinapsis. Estos neurotransmisores se adhieren a los receptores en la neurona adyacente, transmitiendo la señal y facilitando la comunicación entre neuronas.

Las redes neuronales en el cerebro humano funcionan en múltiples capas y están organizadas en diferentes áreas especializadas. Por ejemplo, algunas áreas están dedicadas a procesar la visión, otras al lenguaje, y algunas a la memoria. Cuando se realiza una tarea, como reconocer una cara o resolver un problema, diversas redes neuronales se activan y trabajan en conjunto para procesar la información y generar una respuesta.

Además, el cerebro es altamente adaptable, lo que se conoce como plasticidad neuronal. Esto significa que las conexiones entre las neuronas pueden fortalecerse o debilitarse con base en las experiencias y aprendizajes. Por ejemplo, al aprender una nueva habilidad, se forman nuevas conexiones neuronales, mientras que las conexiones menos utilizadas pueden desvanecerse. Este proceso de adaptación permite que el cerebro mejore su rendimiento y se ajuste a nuevas situaciones.

En otras palabras, las neuronas funcionan como diminutos mensajeros que reciben una tarea, la procesan y envían el resultado a la siguiente neurona para que realice la misma operación. Este proceso culmina en la obtención de un resultado final. Sin embargo, este intercambio de información se desarrolla en diferentes capas neuronales, donde las neuronas colaboran de manera efectiva y colaborativa. A medida que la información avanza a través de estas capas, se llevan a cabo tareas cada vez más complejas y refinadas, lo que permite un procesamiento más profundo y sofisticado de la información.

De esta manera, el cerebro puede controlar una amplia variedad de actividades, como aprender, memorizar, reconocer patrones, tomar decisiones y resolver problemas. La estructura en capas permite que la información se procese de manera eficiente, facilitando la creación de conexiones significativas entre las experiencias y el conocimiento. Esto es esencial no solo para las funciones cognitivas, sino también para coordinar respuestas motoras y emocionales, lo que a su vez influye en nuestra capacidad para interactuar con el entorno y adaptarnos a nuevas situaciones. La colaboración entre las neuronas en diferentes capas es fundamental para el funcionamiento integral del cerebro y para nuestra capacidad de desarrollarnos y aprender a lo largo de la vida.

3.2. Redes Neuronales Artificiales: Imitando El Cerebro Humano

El funcionamiento de las redes neuronales del cerebro humano ha sido una fuente de inspiración clave para el desarrollo de la inteligencia artificial (IA), especialmente en la creación de redes neuronales artificiales. Estas redes artificiales están diseñadas para simular la forma en que las neuronas en el cerebro procesan la información y aprenden de ella.

En el cerebro humano, las neuronas se comunican entre sí a través de sinapsis, donde envían y reciben señales eléctricas y químicas. Este proceso permite la transmisión de información y el aprendizaje a medida que las neuronas se activan en respuesta a diferentes estímulos. Cuando una neurona recibe suficiente información, activa su señal y transmite el resultado a otras neuronas, creando un patrón de comunicación que refina y organiza la información a través de diferentes capas.

Inspirándose en este modelo biológico, los investigadores desarrollaron redes neuronales artificiales que consisten en capas de nodos, o "neuronas", que están interconectadas. Cada nodo recibe información, la procesa y envía el resultado a los nodos en la siguiente capa. Este diseño jerárquico permite que las redes neuronales artificiales realicen tareas complejas, como el reconocimiento de imágenes, el procesamiento del lenguaje natural y la toma de decisiones.

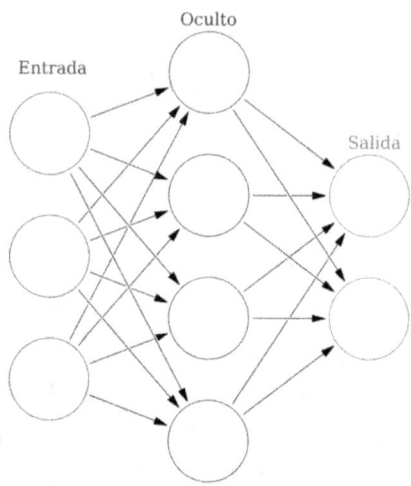

"Una red neuronal artificial es un grupo interconectado de nodos similar a la vasta red de neuronas en un cerebro biológico. Cada nodo circular representa una neurona artificial y cada flecha representa una conexión desde la salida de una neurona a la entrada de otra"

El aprendizaje en las redes neuronales artificiales se basa en un proceso llamado entrenamiento, que es similar a cómo los humanos aprenden. Durante el entrenamiento, la red se expone a grandes cantidades de datos y ajusta sus conexiones internas, o "pesos", para mejorar su rendimiento. Al igual que en el cerebro humano, las conexiones que se utilizan con frecuencia se fortalecen, mientras que las que no se utilizan tienden a debilitarse. Este proceso permite que la red aprenda a reconocer patrones y a generalizar a partir de la información que ha procesado.

Además, las técnicas de aprendizaje profundo, que utilizan múltiples capas en las redes neuronales, han revolucionado el campo de la IA. Estas redes profundas pueden capturar características y patrones de datos de manera más efectiva, permitiendo resultados más precisos en aplicaciones como la visión por computadora y el procesamiento de lenguaje.

El funcionamiento de las redes neuronales del cerebro humano ha influido significativamente en la creación de redes neuronales artificiales en la inteligencia artificial. Este enfoque ha permitido desarrollar sistemas que pueden aprender y adaptarse de manera similar a como lo hacen los seres humanos, abriendo nuevas posibilidades para la automatización y la toma de decisiones en diversas aplicaciones.

3.2.1. Machine learning (Aprendizaje automático)

El Machine Learning o aprendizaje automático es una rama de la inteligencia artificial que permite a las máquinas aprender a partir de datos y mejorar su rendimiento sin necesidad de ser programadas explícitamente para cada tarea. A diferencia de los enfoques tradicionales de programación, donde el comportamiento de un sistema se define mediante reglas escritas por humanos, en Machine Learning, los algoritmos analizan grandes cantidades de datos para encontrar patrones y hacer predicciones o decisiones basadas en esos patrones.

El proceso de aprendizaje en Machine Learning comienza con la recopilación de datos, que pueden ser de diferentes tipos, como texto, imágenes o números. A partir de estos datos, se entrena un modelo. Durante el entrenamiento, el modelo ajusta sus parámetros para minimizar los errores en sus predicciones. Una vez que el modelo está entrenado, se puede usar para hacer predicciones sobre nuevos datos que no ha visto antes.

Existen varios tipos de Machine Learning, siendo los más comunes: aprendizaje supervisado, donde el modelo aprende de datos etiquetados (es decir, conoce las respuestas correctas durante el entrenamiento); aprendizaje no supervisado, donde el modelo intenta encontrar patrones ocultos en datos no etiquetados; y aprendizaje por refuerzo, donde el sistema aprende a tomar decisiones a través de la interacción con un entorno y recibe recompensas o castigos según sus acciones.

Algunos ejemplos del uso de Machine Learning en la vida cotidiana incluyen los sistemas de recomendación de plataformas de streaming, los filtros de correo electrónico que detectan spam, y las aplicaciones de reconocimiento de voz o de imágenes. Gracias a su capacidad para mejorar continuamente con más datos, Machine Learning se ha convertido en una herramienta clave para resolver problemas complejos y automatizar tareas en una amplia gama de industrias.

A continuación, te muestro un ejemplo claro de cómo se emplearía esta técnica de aprendizaje:

"Imagina que tienes un robot que quiere aprender a reconocer fotos de perros. Primero, le das muchas fotos de diferentes animales, como perros, gatos y elefantes, y le dices cuál foto tiene un perro y cuál no. El robot empieza a observar todas esas fotos y a aprender las características que tienen los perros, como sus orejas, su hocico y sus patas.

Después de enseñarle muchas fotos, el robot recibe una nueva imagen que nunca ha visto antes. Con toda la información que aprendió, trata de adivinar si en esa foto hay un perro o no. Si se equivoca, por ejemplo, al confundir un gato con un perro, tú lo corriges, y así el robot sigue mejorando.

Con el tiempo, el robot se vuelve muy bueno para reconocer fotos de perros, porque ha aprendido de los ejemplos que le diste. ¡Eso es machine learning! El robot aprende de las fotos que ya ha visto para poder identificar correctamente perros en imágenes nuevas."

3.2.2. Deep learning (Aprendizaje profundo)

El Deep Learning o aprendizaje profundo es una rama avanzada del Machine Learning que utiliza redes neuronales artificiales inspiradas en el funcionamiento del cerebro humano. Lo que distingue al Deep Learning de otros enfoques de Machine Learning es que emplea redes neuronales profundas, es decir, redes con muchas capas de neuronas artificiales, lo que permite procesar y aprender de grandes cantidades de datos de manera más efectiva.

En las redes neuronales de Deep Learning, las neuronas están organizadas en capas: una capa de entrada, varias capas ocultas y una capa de salida. Cada neurona recibe información, la procesa y la transmite a las siguientes neuronas en las capas más profundas. Este proceso de pasar la información de una capa a otra permite que el sistema aprenda representaciones más complejas de los datos. Las capas iniciales pueden aprender características básicas, como bordes o colores en una imagen, mientras que las capas más profundas pueden identificar formas complejas u objetos completos.

El entrenamiento de los modelos de Deep Learning requiere grandes volúmenes de datos y poder computacional, ya que las redes deben ajustar millones de parámetros para minimizar los errores en las predicciones. Sin embargo, una vez entrenadas, estas redes neuronales son extremadamente potentes para tareas como el reconocimiento de imágenes, la traducción automática y el procesamiento de lenguaje natural.

Otra aplicación clave de Deep Learning es el procesamiento de lenguaje natural (NLP), donde las redes neuronales profundas pueden comprender y generar texto. Esto se utiliza en chatbots, asistentes de voz como Siri y Google Assistant, y en sistemas de traducción automática como Google Translate.

A diferencia de otros modelos de Machine Learning, el Deep Learning no requiere de manera explícita que un programador le diga al sistema qué características buscar.

En lugar de eso, las redes neuronales profundas descubren automáticamente los patrones más importantes al entrenarse con grandes conjuntos de datos.

El Deep Learning ha revolucionado muchos campos gracias a su capacidad para resolver problemas complejos de manera más precisa y eficiente, impulsando avances en áreas como la visión por computadora, la conducción autónoma, la inteligencia artificial conversacional y mucho más.

A continuación, te muestro un ejemplo claro de cómo se emplearía esta técnica de aprendizaje:

"Imagina que tienes una súper computadora que quiere aprender a reconocer fotos de perros, pero en lugar de que tú le digas qué buscar, ella aprende sola usando algo llamado deep learning (aprendizaje profundo), que funciona como un cerebro con muchas neuronas.

1. Le das muchas fotos de perros, gatos y otros animales, pero no le dices cuál es cuál. La computadora tiene capas neuronales, que son como niveles de neuronas que trabajan juntas.
2. Cada capa neuronal mira una parte diferente de la imagen. Las primeras capas ven cosas simples, como líneas o colores, y las capas más profundas ven partes más completas, como las orejas, patas o la forma del perro.

3. Después de aprender, la computadora recibe una foto nueva y usa sus capas neuronales para decidir si es un perro o no, recordando todo lo que ha visto antes.

Resultado: Con deep learning, la computadora usa sus "neuronas" para entender fotos muy bien, y puede encontrar perros en cualquier imagen, incluso cuando es difícil verlos o están mezclados con otros objetos. ¡Es como si tuviera un súper cerebro para identificar perros!"

En resumen, podemos decir que las principales diferencias entre Machine learning y Deep learning son;

Machine Learning (Aprendizaje Automático): Aprende con instrucciones y reglas simples. Necesita que le digas cuáles fotos son de perros y cuáles no, y su conocimiento es limitado.

Deep Learning (Aprendizaje Profundo): Aprende solo, usando su "cerebro" con muchas neuronas y capas neuronales. Puede entender cosas complejas, como la forma y el color de los perros, sin que le des instrucciones detalladas.

Machine Learning es más básico, mientras que Deep Learning es más avanzado y puede reconocer cosas más complicadas.

3.2.3. Big data

Big Data se refiere al manejo y análisis de grandes volúmenes de datos que son demasiado complejos para ser procesados con métodos tradicionales. Estos datos provienen de diversas fuentes como redes sociales, transacciones en línea, sensores de dispositivos, y mucho más. La característica principal del Big Data no es solo la cantidad de datos, sino también la variedad, la velocidad con la que se generan y la veracidad de los mismos.

Tradicionalmente, los sistemas informáticos no estaban preparados para manejar esta cantidad masiva de información, pero con el desarrollo de nuevas tecnologías, como el almacenamiento en la nube, la inteligencia artificial y las bases de datos distribuidas, es posible capturar, almacenar y analizar estos datos para obtener información valiosa.

El objetivo principal del Big Data es transformar los datos crudos en conocimiento útil que ayude a tomar decisiones más informadas. Por ejemplo, en una tienda en línea, se pueden analizar los datos de compra y comportamiento de los usuarios para personalizar las recomendaciones de productos, mejorando así la experiencia del cliente y aumentando las ventas.

Otra aplicación común de Big Data es en la salud, donde se puede analizar el historial médico de miles de pacientes para identificar patrones y mejorar los tratamientos o predecir brotes de enfermedades. También se utiliza en la industria financiera, donde las grandes cantidades de datos se analizan en tiempo real para detectar fraudes y evaluar riesgos.

Big Data se sustenta en el uso de tecnologías avanzadas como el aprendizaje automático (Machine Learning), que ayuda a los sistemas a identificar patrones automáticamente, y el procesamiento en paralelo, que distribuye la carga de trabajo entre múltiples servidores para manejar el procesamiento de grandes volúmenes de datos.
Big Data no es solo una cuestión de grandes cantidades de información, sino también de cómo se organiza, procesa y analiza para extraer valor de los datos, transformándolos en conocimientos prácticos que pueden revolucionar industrias y mejorar la toma de decisiones en todos los sectores.

3.3. Clasificación de la IA

La inteligencia artificial (IA) se clasifica principalmente en tres tipos, según su capacidad y nivel de desarrollo: IA débil o estrecha, IA general o fuerte y IA superinteligente. Cada uno de estos tipos refleja diferentes niveles de complejidad y habilidades de las máquinas para realizar tareas similares a las que un humano podría hacer.

1. IA débil o estrecha: Este es el tipo de IA que existe hoy en día en la mayoría de las aplicaciones. Está diseñada para realizar tareas específicas y limitadas, como el reconocimiento de voz, la clasificación de imágenes o el procesamiento de texto. La IA débil no tiene "conciencia" o entendimiento más allá de la tarea que fue programada para hacer.

A continuación, se presenta una lista de algunas aplicaciones y/o plataformas donde se aplica la inteligencia artificial débil o estrecha. Estas herramientas están diseñadas para mejorar la interacción del usuario y facilitar diversas tareas cotidianas. Los puntos VI, VII y VIII se detallan, ya que estas herramientas de IA se hicieron accesibles al público en general apenas hace dos años (2022), revolucionando la manera en que interactuamos con la tecnología y transformando procesos en diferentes ámbitos.

I. Asistentes virtuales:

Siri (Apple)

Alexa (Amazon)

Google Assistant (Google)

Cortana (Microsoft)

II. Sistemas de recomendación mediante análisis de preferencias:

Netflix

Spotify

YouTube

Amazon

Mercado libre

Human Pandora

III. Filtros de spam:

Gmail (Google)

Outlook (Microsoft)

Yahoo Mail

IV. Reconocimiento facial:

Face ID (Apple)

Windows Hello (Microsoft)

Amazon Rekognition

V. Conducción asistida:

Autopilot (Tesla)

Super Cruise (General Motors)

ProPilot Assist (Nissan)

VI. Chatbots y modelos de conversación:

ChatGPT (OpenAI): Modelo de lenguaje que genera texto y voz coherente y relevante en respuesta a preguntas.

Google Bard (Google): Asistente conversacional que facilita la búsqueda de información.

Microsoft Copilot (Microsoft): Asistente en aplicaciones de Microsoft para automatizar tareas.

Drift: Chatbot enfocado en ventas y marketing, califica leads y programa reuniones.

Zendesk Chat: Proporciona soporte al cliente, respondiendo preguntas y escalando problemas.

Replika: Un chatbot diseñado para ser un compañero emocional y conversacional (un amigo virtual).

ManyChat: Plataforma de chatbots para marketing en Facebook Messenger y SMS.

Tidio: Proporciona chatbots para el servicio al cliente y automatización de ventas.

VII. Generadores de imágenes:

DALL-E (OpenAI): Genera imágenes únicas a partir de descripciones textuales.

Midjourney: Permite crear obras de arte personalizadas basadas en ideas de los usuarios.

Stable Diffusion: Modelo de código abierto para crear imágenes de alta calidad a partir de texto.

DeepArt: Convierte fotos en obras de arte utilizando estilos de famosos artistas.

Artbreeder: Combina imágenes para crear nuevos conceptos visuales de forma colaborativa.

Runway ML: Proporciona herramientas de IA para la creación y edición de imágenes y videos.

Leonardo.ai: es una plataforma que permite crear imágenes utilizando modelos de inteligencia artificial preentrenados o personalizados.

VIII. Generadores de videos:

Runway ML: Ofrece herramientas de edición de video y efectos visuales utilizando IA.

Synthesia: Crea videos con avatares generados por IA que pueden hablar en diferentes idiomas.

DeepBrain: Genera videos a partir de guiones, creando presentaciones con un presentador digital.

Pictory: Transforma texto en videos cortos de forma rápida y sencilla.

Lumen5: Permite crear videos a partir de artículos o publicaciones en redes sociales, utilizando IA para generar contenido visual.

InVideo: Plataforma que utiliza IA para ayudar a los usuarios a crear videos atractivos a partir de plantillas.

Clipchamp: Es un editor de video en línea que permite crear y editar videos, imágenes, y archivos de audio, además de poder generar voz a partir de texto.

IX. Traducción automática:

Google Translate

Microsoft Translator

DeepL

X. Diagnóstico médico:

IBM Watson Health
Aidoc (para análisis de imágenes médicas)

Zebra Medical Vision

XI. Filtros de contenido en redes sociales:

Facebook (Meta)

Instagram

TikTok

XII. Personalización en tiendas en línea:

Amazon

eBay

Alibaba

XIII. Plataformas de transporte o servicios de movilidad

Uber

Didi

Ola

Yango

Grab

Japan taxi

2. IA general: También conocida como inteligencia artificial fuerte, es un concepto teórico que describe una máquina capaz de realizar cualquier tarea intelectual que un ser humano pueda hacer. A diferencia de la IA débil o estrecha, la IA general sería capaz de aprender, razonar y adaptarse a diferentes situaciones de manera autónoma, con un entendimiento amplio del mundo. Actualmente no existe una IA general, pero es el objetivo de muchos investigadores en el campo de la inteligencia artificial, dando lugar a una carrera contra reloj para alcanzar este nivel de desarrollo en IA, impulsada en gran parte por la significativa inversión de las grandes corporaciones dedicadas al desarrollo de esta tecnología.

3. IA superinteligente: Este tipo de IA va más allá de las capacidades humanas, superando a los humanos en casi todos los aspectos, tanto en habilidades intelectuales como en habilidades creativas o de toma de decisiones. Es una idea teórica que aún no se ha alcanzado y muchos expertos debaten sobre los posibles riesgos y beneficios de crear una IA tan avanzada.

Cada uno de estos tipos de IA refleja los avances y posibilidades que ofrece para resolver problemas de diferentes complejidades.

3.4. IA: Dónde estamos y hacia dónde vamos.

Sin lugar a dudas, el vertiginoso y exponencial avance de la inteligencia artificial (IA) ha generado preocupación en muchos sectores de la sociedad, ya que aún no estamos preparados para manejar de manera adecuada este desarrollo tecnológico que parece imparable. En abril de 2024, Elon Musk, CEO de Tesla, anticipó que la creación de una IA capaz de superar la inteligencia humana más avanzada podría materializarse en 2026, o incluso antes. A pesar de que la escasez de chips ha limitado el desarrollo hasta ahora, Musk subrayó que el suministro de electricidad será crucial en los próximos dos años para continuar impulsando este progreso.

En marzo de 2023 más de 1,000 expertos, entre ellos destacados empresarios y científicos, firmaron una carta abierta pidiendo detener temporalmente el desarrollo de la IA por considerarla una "amenaza para la humanidad". Este grupo, compuesto por especialistas en IA y ejecutivos de la industria tecnológica, solicitó una pausa de seis meses en el entrenamiento de los sistemas avanzados de

IA, argumentando que representan un riesgo potencial para la sociedad.

En la carta, advirtieron que los laboratorios dedicados a la IA están inmersos en "una carrera descontrolada por desarrollar e implementar mentes digitales cada vez más poderosas, que ni siquiera sus propios creadores pueden comprender, predecir o controlar de manera fiable". Entre los firmantes se encuentran figuras como Elon Musk, el cofundador de Apple, Steve Wozniak, y el CEO de Stability AI, Emad Mostaque, así como investigadores de Deep Mind.

La declaración insta a las empresas desarrolladoras de IA a "pausar de inmediato, durante al menos seis meses, el entrenamiento de los sistemas de inteligencia artificial más avanzados que GPT-4".

Otro dato asombroso es el tiempo que tardó Chat GPT en alcanzar los 100 millones de usuarios: ¡solo 2 meses! En comparación, Google que tardó 14 meses en lograr esta cifra, TikTok 9 meses, Instagram 26 meses, Facebook 54 meses y Twitter 65 meses. Estos números son impactantes y demuestran el vertiginoso crecimiento de la IA, el cual ya nada ni nadie detendrá.

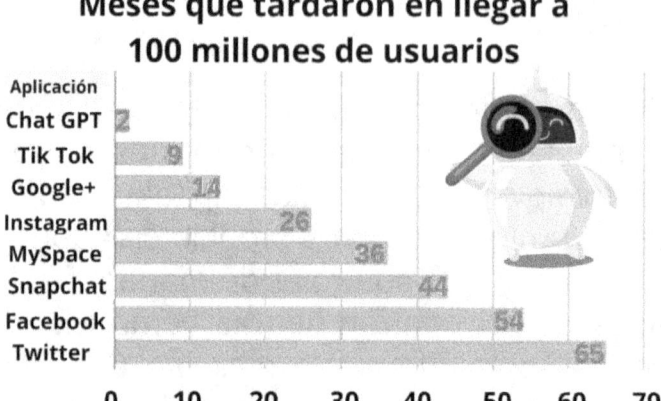

3.5. Que es un modelo de inteligencia artificial

Un modelo de inteligencia artificial (IA), es como un cerebro artificial entrenado para realizar tareas específicas, como responder preguntas, hacer predicciones o analizar datos. Estos modelos aprenden a partir de grandes cantidades de información, lo que les permite reconocer patrones y ofrecer soluciones. Primero, el modelo se entrena con datos. Por ejemplo, si se le entrena para reconocer fotos de gatos, se le muestran muchas imágenes de gatos hasta que puede identificarlos con precisión. Luego, el modelo utiliza lo que ha aprendido para analizar nuevas imágenes o resolver problemas relacionados.

Un ejemplo claro de estos modelos es GPT (Generative Pre-trained Transformer), que se utiliza en herramientas como Chat GPT-4. GPT es un modelo especializado en entender y generar texto. Por ejemplo, cuando le haces una pregunta como "¿Qué es la inteligencia artificial?",

GPT analiza tu pregunta y genera una respuesta basada en el conocimiento que ha adquirido de millones de textos. Lo interesante de GPT es que puede personalizarse para tareas muy específicas, lo que lo hace increíblemente versátil. Por ejemplo, una empresa puede usar una versión personalizada de GPT para responder preguntas sobre sus productos o servicios, ofreciendo atención al cliente de manera automática y eficiente. También se puede entrenar un GPT para tareas muy especializadas, como uno diseñado para el sector legal, que ayuda a los abogados a encontrar leyes y precedentes relevantes casi al instante, o un GPT médico que asiste a los doctores sugiriendo diagnósticos basados en síntomas proporcionados.

Ejemplos de GPT personalizados:

1. GPT para atención médica: Un modelo personalizado para ayudar a médicos y pacientes. Puede dar información sobre enfermedades, tratamientos y guiar a los pacientes en la gestión de sus síntomas.

2. GPT para fitness o bajar de peso: Diseñado para asesorar a personas sobre planes de ejercicio, dietas personalizadas y seguimiento de progreso físico.

3. GPT para el sector financiero: Ayuda a los asesores financieros con sugerencias sobre inversiones, predicciones de mercado y análisis detallados.

4. GPT para el servicio al cliente: Como el usado por empresas como Klarna, que delega parte de su atención a clientes a un GPT personalizado, respondiendo preguntas sobre pedidos, devoluciones y más.

5. GPT en psicología: También puede utilizarse para brindar asistencia psicológica. Un ejemplo es el uso de Woebot, un asistente conversacional que ofrece apoyo emocional mediante terapia cognitiva-conductual, ayudando a las personas a gestionar su bienestar mental. Los GPT personalizados para psicología pueden proporcionar orientación emocional y realizar seguimientos continuos de la salud mental de los usuarios, aunque siempre con la advertencia de no reemplazar la ayuda profesional humana.

Además, con Chat GPT-4 en su versión de pago, se ofrece la posibilidad de crear GPTs personalizados para tareas o actividades específicas. Lo fascinante es que estos GPTs se pueden "programar" fácilmente utilizando lenguaje natural, sin necesidad de ser un experto en programación. Esto permite que cualquier persona o empresa pueda ajustar estos modelos para que realicen funciones especializadas, como asistencia en educación, planificación personal, o incluso apoyo emocional, lo que amplía aún más las aplicaciones y el impacto de esta tecnología.

En síntesis, los modelos de IA como GPT no solo permiten realizar tareas generales, sino que, con la personalización adecuada, pueden adaptarse a contextos específicos, ya sea para atención médica, fitness, servicio al cliente, o incluso apoyo emocional. Esto ofrece oportunidades sin precedentes para aumentar la eficiencia y mejorar la experiencia del usuario en múltiples áreas.

3.6 Qué es un Promt y para que se utiliza

Un prompt es una instrucción o entrada que le das a un modelo de inteligencia artificial (IA) para que genere una respuesta o realice una tarea específica. En términos simples, es el texto que escribes para guiar a la IA sobre lo que debe hacer o responder. Por ejemplo, cuando le haces una pregunta a un asistente de IA como Chat GPT, el mensaje que escribes es el prompt y la IA genera una respuesta basada en esa entrada.

¿Dónde se utilizan los prompts?

1. Chatbots y asistentes virtuales: Al interactuar con un asistente como Chat GPT, el prompt es la pregunta o comando que le das para obtener una respuesta o realizar una tarea. Por ejemplo, si le dices "Explícame qué es la inteligencia artificial", esa solicitud es el prompt.

2. Generación de texto: Los prompts se utilizan para pedirle a un modelo de IA que genere textos largos o creativos, como artículos, historias o correos electrónicos. Un ejemplo de prompt en este contexto sería "Escribe una historia corta sobre un niño que descubre un tesoro en su jardín".

3. Modelos de arte generativo: En herramientas que crean imágenes a partir de texto, como DALL-E, el

prompt es la descripción de lo que quieres que la IA dibuje. Por ejemplo, podrías escribir un prompt como "Una ciudad futurista iluminada por el atardecer" para obtener una imagen de ese tipo.

4. Análisis de datos: En sistemas que analizan datos o hacen predicciones, el prompt puede ser una pregunta o un conjunto de datos inicial que la IA utiliza para generar resultados o predicciones. Por ejemplo, en el análisis de ventas, un prompt podría ser "Proyecta las ventas para el próximo trimestre basándote en los datos del año pasado".
5. Juegos y simulaciones: En algunos videojuegos o simuladores que usan IA, los prompts pueden ser instrucciones del jugador para que la IA actúe de cierta manera, como "Muévete hacia el norte y explora el área".

Para obtener el resultado esperado, es fundamental realizar un buen prompt. Si el prompt no es claro o específico, la IA puede no entender correctamente lo que estás pidiendo, y el resultado puede no coincidir con la idea que tienes en mente. Por ejemplo, si proporcionas una descripción vaga o ambigua, la respuesta generada podría ser igualmente imprecisa.

Por lo tanto, es crucial que el prompt sea lo más detallado y preciso posible, ya que la IA solo puede interpretar la información que le proporcionas. Si el prompt no es claro, la IA no podrá entender tu petición tal y como la tienes en tu cabeza, lo que afectará la calidad de la respuesta o tarea realizada.

En pocas palabras, un prompt es la institución que diriges a la IA, y un buen prompt es clave para asegurar que la IA comprenda exactamente lo que necesitas. De lo contrario, los resultados pueden no ajustarse a tus expectativas.

A continuación, se presenta el ejemplo de un prompt para generar una imagen utilizando el modelo de IA SeaArt. Aunque el prompt se muestra en español, es importante destacar que ingresarlo en inglés suele producir resultados más precisos y satisfactorios.

Prompt en español:

"(obra maestra), (estilo anime), (mejor calidad), ultra detallado, detalles intrincados, hermosa adolescente, cuerpo completo, cabello lacio rosado, hermosa sonrisa, vistiendo uniforme de tenis blanco,, manos con postura en forma de V, pechos grandes, escote, hermosa sonrisa, ojos azules, mirando al espectador, cuerpo completo, fondo de cancha de tenis, ultra detallado, manos con postura en V, sudor en su piel, cuerpo completo,, blusa corta, abdomen desnudo, manos con postura en V, accesorios en el cabello, trasero de burbuja, figura de reloj de arena, iluminación fantástica, cancha de tenis al fondo, sudor en el cuerpo, (efecto bokeh), fotografía de cuerpo completo, reflejos de la luz del sol en su cabello, reflejos en su sudor, cuerpo completo"

Mismo prompt en inglés (lo ideal):
"(masterpiece), (anime style), (best quality), ultra detailed, intricate details, beautiful teenage girl, full body, pink straight hair, beautiful smile, wearing white tennis uniform, , hands in v-shaped stance, big breasts, cleavage, beautiful smile, blue eyes, looking at viewer, full body,

tennis court background, ultra detailed, hands in v-shaped stance, sweat on her skin, full body, , crop top, bare midriff, hands in v-shaped stance, accessories in hair, bubble butt, hourglass figure, fantastic lighting, tennis court in the background, sweat on body, (bokeh effect), full body photography, sunlight reflections on her hair, reflections on her sweat, full body"

El resultado sería el siguiente:

Utilizar el inglés para formular el prompt siempre va a mejorar la calidad de la imagen generada, ya que muchos modelos de IA están optimizados para interpretar y procesar instrucciones en este idioma de manera más efectiva.

4. Aplicaciones Sorprendentes de la IA

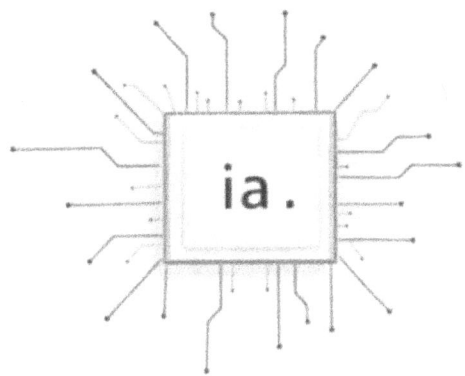

4.1. Asistentes virtuales: tus compañeros digitales

En la actualidad, los asistentes virtuales han pasado de ser simples herramientas a convertirse en verdaderos compañeros digitales que nos ayudan a gestionar múltiples aspectos de nuestra vida diaria, desde tareas personales hasta actividades laborales. Estos asistentes, impulsados por la inteligencia artificial, nos permiten delegar tareas repetitivas o complejas, optimizando nuestro tiempo y aumentando nuestra eficiencia. A continuación, exploraremos cómo diferentes asistentes virtuales, como Chat GPT, Siri, Google Assistant, entre otros, han transformado el mundo digital y nuestra interacción con la tecnología.

I. Asistentes Virtuales Personales

Entre los asistentes más conocidos en la vida cotidiana están Siri, Google Assistant y Alexa. Estos son asistentes virtuales personales que ayudan con tareas sencillas como configurar alarmas, buscar información en internet o gestionar calendarios. Siri, de Apple, es capaz de realizar llamadas, enviar mensajes, y hasta controlar dispositivos del hogar inteligente, mientras que Google Assistant y Alexa permiten hacer preguntas por voz, controlar luces, termostatos y otros dispositivos conectados. Estas herramientas han simplificado la forma en que interactuamos con la tecnología en nuestros hogares.

II. Asistentes Virtuales Empresariales

En el ámbito empresarial, asistentes como Cortana (de Microsoft) o IBM Watson Assistant se han vuelto esenciales para aumentar la productividad en el entorno laboral. Estos asistentes ayudan en tareas como la organización de reuniones, el análisis de grandes volúmenes de datos, la redacción de correos electrónicos, análisis de currículums, la generación de informes entre otras cosas. En este contexto, Chat GPT también se ha posicionado como una poderosa herramienta para la creación de contenido, la generación de resúmenes y la toma de decisiones basada en análisis detallados. Estos asistentes permiten a las empresas automatizar procesos complejos y mejorar la eficiencia operativa.

III. Asistentes para Comercio Electrónico

En el comercio electrónico, asistentes como Amazon, Alexa han demostrado ser herramientas poderosas para personalizar la experiencia de compra. Alexa no solo ayuda a los usuarios a encontrar productos, sino que también puede realizar compras directamente mediante comandos de voz, lo que simplifica la transacción. En este sector, la automatización y la recomendación de productos son áreas en las que los asistentes virtuales desempeñan un papel fundamental.

IV. Asistentes Virtuales de Salud y Bienestar

El bienestar físico y emocional ha experimentado una revolución gracias a la aparición de asistentes virtuales que emplean inteligencia artificial. Estos innovadores modelos no solo facilitan la gestión de la salud, sino que también brindan apoyo accesible y personalizado a los usuarios. Por ejemplo, Woebot es un chatbot diseñado para proporcionar asistencia emocional mediante conversaciones guiadas. Este asistente virtual utiliza técnicas de terapia cognitivo-conductual para ayudar a los usuarios a abordar sus preocupaciones y mejorar su salud mental. A través de interacciones sencillas y efectivas, Woebot ofrece herramientas para manejar el estrés, la ansiedad y otros desafíos emocionales, permitiendo que los usuarios se sientan acompañados en su proceso de bienestar.

Por otro lado, MyFitnessPal es una aplicación que ayuda a los usuarios a controlar su dieta y ejercicio. Al permitir el registro de alimentos y actividades físicas, proporciona estadísticas detalladas y sugerencias personalizadas que facilitan el logro de metas de salud, como la pérdida de peso. Utilizando algoritmos de IA, MyFitnessPal adapta sus recomendaciones en función de los hábitos y preferencias individuales, ofreciendo un enfoque flexible que se ajusta a las necesidades de cada usuario. Esto no solo promueve la pérdida de peso, sino que también fomenta la adopción de un estilo de vida más saludable en general.

Además de estas herramientas, existen otros modelos de IA que complementan la asistencia psicológica y el control del peso. Algunas aplicaciones de salud mental utilizan tecnología de aprendizaje automático para analizar el comportamiento del usuario y ofrecer recomendaciones sobre técnicas de relajación, meditación y manejo del estrés. Estas aplicaciones pueden ser especialmente beneficiosas para quienes buscan mejorar su bienestar emocional de manera accesible y continua.

Una adición importante a este panorama son los modelos de lenguaje como Chat GPT, que, mediante el uso de versiones específicas de su tecnología, pueden realizar labores similares en el ámbito del bienestar. Estos asistentes pueden proporcionar recomendaciones personalizadas sobre salud mental y bienestar emocional, así como ofrecer guías y consejos a padres sobre cómo educar adecuadamente a sus hijos. Desde técnicas de disciplina positiva hasta estrategias para fomentar la comunicación efectiva en las diferentes etapas de nuestros hijos, Chat GPT puede ser una herramienta valiosa para quienes buscan mejorar la relación con sus hijos y apoyar su desarrollo emocional y social.

Asimismo, dispositivos wearables, como pulseras y relojes inteligentes, monitorean la actividad física y otros parámetros de salud, proporcionando información valiosa sobre el progreso hacia los objetivos personales. Con la capacidad de rastrear el sueño, la frecuencia cardíaca y el nivel de actividad, estos dispositivos pueden sugerir ajustes en el estilo de vida que contribuyan a una mejor salud física y emocional.

En conjunto, estos asistentes virtuales y herramientas de inteligencia artificial ofrecen a los usuarios la posibilidad de gestionar su bienestar de manera proactiva y autónoma, sin necesidad de un monitoreo constante por parte de un profesional. A medida que la tecnología avanza, es probable que sigamos viendo un aumento en la disponibilidad y efectividad de estas soluciones, transformando aún más la manera en que abordamos la salud y el bienestar en nuestra vida diaria.

V. Asistentes para Finanzas

En el campo financiero, asistentes como Cleo y Mint ayudan a los usuarios a gestionar sus finanzas personales. Estos asistentes pueden rastrear gastos, sugerir formas de ahorrar dinero y proporcionar informes detallados sobre los hábitos de consumo. También ofrecen consejos personalizados sobre inversiones, permitiendo a los usuarios tomar decisiones financieras más informadas.

VI. Asistentes para traducción

Los asistentes de IA para traducción han revolucionado la forma en que nos comunicamos, permitiendo mantener diálogos fluidos con personas que hablan otros idiomas. Hoy en día, herramientas como los traductores basados en inteligencia artificial no solo pueden traducir textos, sino también facilitar conversaciones en tiempo real, eliminando las barreras del idioma en situaciones cotidianas o laborales.

Un ejemplo notable es Chat GPT- 4, que puede comprender y comunicarse en más de 37 idiomas. Esta capacidad abre la puerta a un intercambio más inclusivo entre culturas, permitiendo que personas de distintas partes del mundo se conecten sin necesidad de un conocimiento profundo de otros idiomas. Con la ayuda de estos asistentes, ya es posible conversar y colaborar con alguien que hable otro idioma de manera sencilla y eficaz.

4.2. Innovaciones en salud: diagnósticos y tratamientos

La inteligencia artificial (IA) está transformando la atención médica de maneras sin precedentes, mejorando tanto los diagnósticos como los tratamientos. A medida que la tecnología avanza, los profesionales de la salud están aprovechando la IA para optimizar el proceso de atención, lo que lleva a diagnósticos más precisos y tratamientos más efectivos.

Uno de los avances más significativos en el ámbito del diagnóstico es la capacidad de la IA para analizar grandes volúmenes de datos médicos. Los algoritmos de aprendizaje automático pueden procesar información de diversas fuentes, como imágenes médicas, historiales clínicos y datos genéticos, lo que permite identificar patrones que podrían pasar desapercibidos para los humanos. Por ejemplo, sistemas de IA como DeepMind han demostrado una notable eficacia en el análisis de imágenes de resonancias magnéticas y radiografías, detectando enfermedades como el cáncer de mama con una precisión superior a la de los radiólogos humanos en ciertos casos. Esta capacidad no solo acelera el proceso de diagnóstico, sino que también reduce la tasa de errores, permitiendo que los médicos tomen decisiones más informadas y oportunas.

En cuanto a los tratamientos, la IA está desempeñando un papel crucial en la personalización de la atención médica. Mediante el análisis de datos del paciente, los sistemas de IA pueden ayudar a los médicos a identificar las terapias más adecuadas para cada individuo. Por ejemplo, en la oncología, la IA puede evaluar el perfil genético de un tumor y sugerir tratamientos específicos que sean más efectivos para ese tipo particular de cáncer. Esto se conoce como medicina personalizada, y su implementación está revolucionando la forma en que se tratan las enfermedades.

Otro campo donde la IA está haciendo un impacto significativo es en la gestión de enfermedades crónicas. Aplicaciones basadas en IA, como Glooko y MySugr, ayudan a las personas con diabetes a monitorear sus niveles de glucosa y ajustar su tratamiento en tiempo real. Estas aplicaciones pueden analizar datos diarios, como la dieta y la actividad física, para proporcionar recomendaciones personalizadas, mejorando así la calidad de vida de los pacientes y ayudando a prevenir complicaciones graves.

La IA también está facilitando el desarrollo de nuevos medicamentos. Los algoritmos pueden analizar grandes conjuntos de datos sobre compuestos químicos y sus efectos en diferentes patologías, acelerando el proceso de descubrimiento y reduciendo los costos asociados con la investigación. Por ejemplo, la empresa Atomwise utiliza IA para predecir cómo diferentes moléculas interactuarán con proteínas específicas, lo que puede acelerar la identificación de nuevos fármacos potenciales.

Además, los asistentes virtuales impulsados por IA están mejorando la comunicación entre médicos y pacientes. Herramientas como Ada y Babylon Health permiten a los usuarios ingresar síntomas y recibir orientación sobre los pasos a seguir, desde la búsqueda de atención médica hasta recomendaciones de tratamiento. Esto no solo empodera a los pacientes, sino que también alivia la carga sobre los sistemas de salud al ayudar a filtrar casos que requieren atención inmediata.

Sin lugar a dudas la inteligencia artificial está revolucionando el sector salud al mejorar los diagnósticos y tratamientos de diversas maneras. Desde la detección temprana de enfermedades hasta la personalización de tratamientos y el desarrollo de nuevos medicamentos, la IA se está convirtiendo en un aliado invaluable para médicos y pacientes por igual. A medida que la tecnología continúa avanzando, el potencial de la IA para transformar la atención médica sólo seguirá creciendo, ofreciendo un futuro más prometedor y eficaz en el cuidado de la salud.

A continuación, se muestra una gráfica de desempeño de un modelo de IA lanzado por Google a principios del 2024 llamado AMIE.

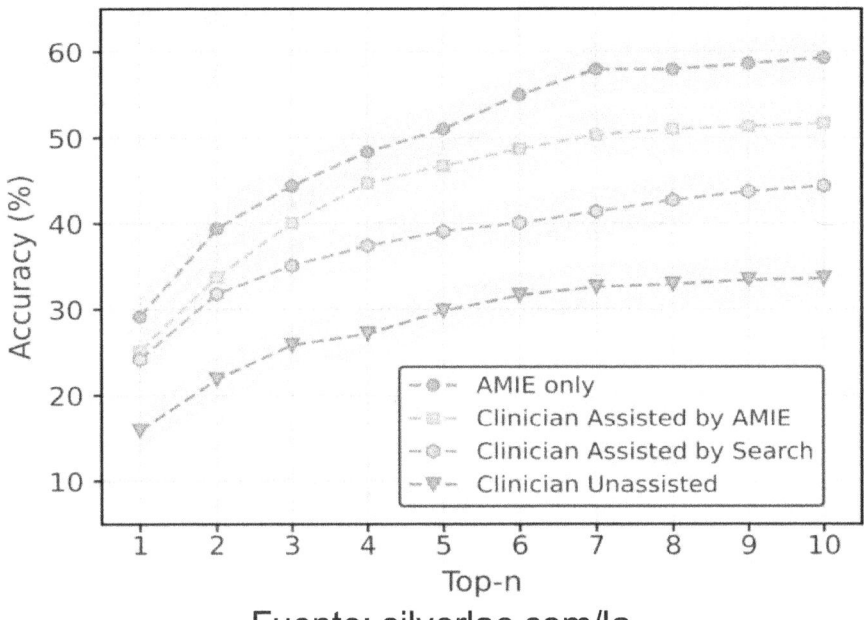

Fuente: silverlac.com/la

AMIE es el innovador sistema de inteligencia artificial de Google diseñado específicamente para mantener conversaciones diagnósticas. Este modelo es pionero, ya que ha sido desarrollado a partir de simulaciones de diálogos reales entre médicos y pacientes, lo que le permite entender y responder con precisión en contextos clínicos.

En la gráfica que se presenta, se ilustran los resultados obtenidos con la colaboración de AMIE en el proceso de diagnóstico.

La línea azul representa la capacidad de diagnóstico del médico utilizando únicamente su conocimiento (accuracy o exactitud del 16 %).

La línea verde muestra el desempeño del médico al emplear herramientas como Google, lo que mejora su rendimiento (accuracy o exactitud del 24 %).

La línea naranja indica el desempeño del médico al diagnosticar con el apoyo de AMIE, evidenciando una mejora significativa en comparación con las otras dos líneas (accuracy o exactitud del 26 %).

Por último, la línea roja refleja la capacidad de diagnóstico de AMIE actuando de manera independiente, sin asistencia humana (accuracy o exactitud del 29 %).

Estos resultados demuestran que, en ciertos sectores, la inteligencia artificial puede superar en desempeño a los profesionales humanos en el proceso de diagnóstico y otras actividades. Esta revelación abre nuevas posibilidades para la integración de la IA en la atención médica, sugiriendo que su uso puede mejorar la precisión y la eficacia en el diagnóstico, así como potencialmente transformar la manera en que se brinda atención a los pacientes.

4.3. Robótica: máquinas que ayudan en el hogar y en la industria

La inteligencia artificial (IA) está revolucionando el campo de la robótica, creando máquinas cada vez más inteligentes y autónomas que están transformando tanto el hogar como la industria. Desde asistentes personales en la vida cotidiana hasta robots industriales que optimizan procesos de producción, la aplicación de la IA en la robótica está cambiando la forma en que interactuamos con la tecnología y mejorando la eficiencia en diversas áreas.

I. Robots en el Hogar

En el entorno doméstico, los robots con inteligencia artificial han comenzado a desempeñar un papel fundamental en la vida diaria. Los robots aspiradores, como el Roomba, utilizán algoritmos avanzados de navegación y detección de obstáculos para limpiar los pisos de manera eficiente y autónoma. Equipados con sensores, mapas de la casa y conexión wi-fi, estos dispositivos son capaces de adaptarse a diferentes entornos, optimizando su ruta de limpieza y evitando obstáculos, lo que reduce la intervención humana.

Además de los robots aspiradores, hay dispositivos como los asistentes de voz (por ejemplo, Amazon Echo con Alexa o Google Home) que controlan varios electrodomésticos y dispositivos inteligentes del hogar. Estos asistentes utilizan IA para aprender las preferencias del usuario y ofrecer recomendaciones personalizadas, desde la gestión de la iluminación hasta el control de la temperatura, creando un hogar más cómodo y eficiente. Esta visión de un hogar automatizado evoca la serie animada de los años 60's "Los Supersónicos", donde la familia disfrutaba de una vida idealizada gracias a la asistencia de robots. En este sentido, la serie representaba una utopía: un futuro en el que la tecnología eliminaba las cargas diarias y mejoraba la calidad de vida, escenario que está cada vez más cerca de hacerse realidad.

De acuerdo con las predicciones de los expertos, en 10 años los robots se encargarán del 40% de las tareas domésticas, por otro lado, Amazon prevé que cada casa tendrá un robot dentro de los próximos cinco a diez años, por lo que se está preparando con dispositivos como Xiaomi Robot Vacuum, un ecosistema completo y posibles adquisiciones lo que refleja la creciente integración de la IA en nuestros hogares y cómo estas tecnologías facilitarán aún más nuestras vidas.

II. Robots en la Industria

En el sector industrial, la IA aplicada a la robótica ha impulsado la automatización y la mejora de la productividad. Los robots industriales son utilizados en fábricas para llevar a cabo tareas repetitivas, como el ensamblaje de productos, la soldadura y la pintura. Equipados con sistemas de IA, estos robots pueden adaptarse a diferentes líneas de producción y aprender de su entorno, lo que les permite realizar ajustes en tiempo real y optimizar el rendimiento.

Un ejemplo notable es el uso de cobots (robots colaborativos) en entornos de trabajo donde interactúan directamente con humanos. A diferencia de los robots tradicionales que requieren espacios de trabajo separados por razones de seguridad, los cobots están diseñados para trabajar junto a los empleados, mejorando la eficiencia y la seguridad en la producción. Estos robots son capaces de aprender de la interacción humana, lo que les permite adaptarse a las necesidades cambiantes de la línea de producción.

Además, la IA también está siendo utilizada en la logística y el transporte. Los robots de entrega, como los de Starship Technologies, utilizan algoritmos de IA para navegar por calles y aceras, entregando paquetes de manera autónoma. Esta tecnología no solo mejora la eficiencia en la entrega de productos, sino que también reduce los costos operativos.

El futuro de la robótica aplicada con inteligencia artificial promete un avance aún mayor en la automatización y la personalización. La combinación de IA con tecnologías como la visión por computadora y el aprendizaje automático permitirá a los robots comprender y reaccionar ante su entorno de maneras cada vez más sofisticadas. Esto podría incluir la capacidad de realizar diagnósticos en tiempo real en entornos industriales, así como la mejora continua en las interacciones de los robots con los seres humanos en el hogar.

De la misma manera que lo está haciendo en otros ámbitos la IA está revolucionando el campo de la robótica, creando máquinas que no solo ayudan en el hogar, sino que también optimizan procesos en la industria. A medida que esta tecnología continúa evolucionando, podemos esperar una integración aún más profunda de los robots en nuestras vidas cotidianas y en el entorno laboral, mejorando nuestra calidad de vida y aumentando la eficiencia en la producción. La colaboración entre humanos y máquinas inteligentes no solo es una tendencia, sino una realidad que está aquí para quedarse, acercándonos a esa utopía donde la tecnología facilita nuestras vidas de manera significativa.

4.4. La IA Revolucionando la Educación: Un Nuevo Horizonte de Aprendizaje

La inteligencia artificial (IA) está revolucionando la educación al ofrecer herramientas que facilitan tanto el aprendizaje como la enseñanza, permitiendo que los estudiantes accedan a recursos adaptados a sus necesidades. Entre las aplicaciones más poderosas de la IA se encuentran los sistemas de autoevaluación, la asistencia en el aprendizaje de la lectura y el apoyo en el estudio de nuevos idiomas, como el caso de los modelos que dominan múltiples lenguajes.

Para los niños que están aprendiendo a leer, la IA puede ser una herramienta clave. Utilizando aplicaciones que incorporan IA, los niños pueden practicar de forma interactiva, recibiendo retroalimentación inmediata sobre su pronunciación y comprensión. Estos sistemas también pueden ajustar el contenido según el nivel de cada niño, lo que garantiza que el material sea adecuado a su progreso y facilite el aprendizaje continuo. Por ejemplo, modelos como Socratic, desarrollado por Google, ofrecen explicaciones paso a paso que ayudan a los estudiantes a resolver problemas de diversas materias, desde matemáticas hasta ciencias.

Cuando se trata de aprender otros idiomas, la IA ofrece una ventaja significativa al permitir que los estudiantes practiquen de forma interactiva y personalizada. Modelos como Chat GPT, que domina más de 37 idiomas, pueden actuar como tutores virtuales, manteniendo conversaciones naturales y corrigiendo errores en tiempo real. De manera similar, aplicaciones como Duolingo utilizan IA para adaptar las lecciones al nivel de cada estudiante, detectando áreas de dificultad y ofreciendo ejercicios personalizados para mejorar las habilidades lingüísticas.

Los modelos de IA también son excelentes herramientas para realizar autoevaluaciones. Los estudiantes pueden completar pruebas y recibir retroalimentación instantánea sobre sus resultados. Modelos como IBM Watson permiten un análisis detallado del desempeño de los estudiantes, identificando patrones de error y proporcionando explicaciones claras para ayudar a mejorar. Al combinar estas características con un enfoque adaptativo, la IA permite a los estudiantes reflexionar sobre su aprendizaje y tomar control de su propio progreso.

Además de Chat GPT, otros modelos de IA están ayudando a transformar el aprendizaje. Google Bard es un potente asistente que puede responder preguntas complejas y ayudar en la investigación, mientras que Microsoft Azure Cognitive Services permite integrar reconocimiento de voz y procesamiento de lenguaje natural en plataformas educativas, ofreciendo una experiencia más interactiva y personalizada. Khanmigo, el tutor de Khan Academy, utiliza IA para guiar a los estudiantes en la resolución de problemas de matemáticas, proporcionando retroalimentación y explicaciones detalladas.

Por último, herramientas como Grammarly, especializadas en la corrección de textos, utilizan IA para ayudar a los estudiantes a mejorar sus habilidades de escritura, corrigiendo gramática, ortografía y estilo de manera automática y eficiente.

la IA está transformando la educación al ofrecer soluciones personalizadas, desde la enseñanza de habilidades básicas como la lectura hasta el aprendizaje avanzado de idiomas y el análisis detallado del rendimiento académico. Estas tecnologías están abriendo nuevas posibilidades para un aprendizaje más eficiente, asequible y adaptado a las necesidades individuales de cada estudiante.

4.5. La IA en la Seguridad: Un Nuevo Paradigma

La inteligencia artificial (IA) está desempeñando un papel crucial en la mejora de la seguridad en diversos ámbitos, desde la protección de datos hasta la prevención de delitos y desastres. Su capacidad para procesar grandes cantidades de información en tiempo real y aprender de patrones permite a las empresas, gobiernos y organismos de seguridad actuar de manera más proactiva y eficiente.

En el campo de la seguridad cibernética, la IA ayuda a identificar y neutralizar amenazas antes de que causen daño. Los sistemas de IA pueden analizar grandes volúmenes de tráfico en la red y detectar anomalías que podrían indicar un ataque, como el robo de datos o la instalación de malware. Además, la IA aprende constantemente de nuevos patrones de ataque, lo que le permite actualizar sus defensas sin intervención humana. Esto no sólo acelera la respuesta ante amenazas, sino que también reduce la cantidad de ataques que pasan desapercibidos.

La IA también se aplica en la seguridad física. Cámaras de seguridad equipadas con IA pueden analizar video en tiempo real para detectar comportamientos sospechosos o identificar a personas en listas de vigilancia. Estos sistemas pueden reconocer rostros, objetos y patrones de movimiento, lo que permite a las fuerzas de seguridad tomar medidas inmediatas si detectan actividades peligrosas. Además, se están implementando tecnologías de acceso seguro mediante reconocimiento facial, huellas dactilares, reconocimiento de iris y reconocimiento de voz, que utilizan IA para autenticar la identidad de los usuarios en dispositivos digitales y áreas restringidas. Estas tecnologías no solo mejoran la seguridad al garantizar que solo las personas autorizadas puedan acceder a información sensible, sino que también reducen la posibilidad de fraudes o accesos no autorizados.

El reconocimiento de iris es particularmente efectivo debido a la singularidad y estabilidad de los patrones del iris humano, lo que lo convierte en una opción muy segura para la autenticación. Por otro lado, el reconocimiento de voz permite a los sistemas identificar y verificar a los usuarios mediante su tono, ritmo y características vocales, ofreciendo una forma de acceso conveniente y eficiente que se puede implementar en una variedad de dispositivos, desde teléfonos hasta sistemas de control de acceso.

En la prevención de desastres, la IA se utiliza para predecir y mitigar riesgos. Por ejemplo, se aplican modelos de IA para monitorear el clima, identificar patrones que pueden dar lugar a huracanes, incendios forestales o terremotos, y emitir alertas con mayor precisión. Esto permite a las autoridades tomar decisiones informadas y actuar rápidamente para proteger a las personas y mitigar daños. En el sector empresarial, la IA también se usa para proteger infraestructuras críticas. Modelos avanzados son capaces de monitorear plantas de energía, sistemas de agua y redes eléctricas, detectando fallas antes de que causen interrupciones graves. Esta capacidad predictiva es clave para mantener la seguridad y evitar accidentes que puedan afectar a grandes poblaciones o causar pérdidas económicas significativas.

La IA está revolucionando la seguridad al permitir un enfoque más preventivo y efectivo. Desde la ciberseguridad y la seguridad física hasta la autenticación mediante reconocimiento facial, huellas dactilares, reconocimiento de iris y voz, las soluciones impulsadas por IA no solo mejoran la capacidad de respuesta, sino que también reducen los riesgos antes de que se conviertan en problemas mayores.

4.6. Inteligencia Artificial: Mejorando el Transporte y la Navegación Aérea

La inteligencia artificial (IA) está revolucionando el sector del transporte, ofreciendo soluciones innovadoras que mejoran la eficiencia y seguridad en las vías. Uno de los aspectos más destacados de esta transformación es la implementación de vehículos autónomos y la gestión inteligente del tráfico, que incluye la optimización de semáforos y la regulación del flujo vehicular. Además, la IA también está desempeñando un papel crucial en la navegación aérea, mejorando la seguridad y eficiencia en los cielos.

Las principales marcas que están liderando el desarrollo de vehículos autónomos incluyen a Tesla, conocida por sus innovadores sistemas de conducción autónoma; Waymo, que ha lanzado servicios de transporte autónomo en algunas áreas; y Cruise, una subsidiaria de General Motors que trabaja en taxis autónomos. Otras empresas como Aurora, Baidu, Nuro, Zoox, Pony.ai, Ford, Volkswagen y Hyundai también están desarrollando tecnologías de conducción autónoma, cada una contribuyendo a la evolución de la movilidad de diversas maneras.

Los vehículos autónomos utilizan sistemas avanzados de IA que les permiten navegar y tomar decisiones en tiempo real sin intervención humana. Equipados con sensores y cámaras, estos vehículos son capaces de percibir su entorno, identificar obstáculos, leer señales de tránsito y prever comportamientos de otros conductores. Esta tecnología no solo tiene el potencial de reducir accidentes al eliminar errores humanos, sino que también promete mejorar la movilidad urbana al optimizar el uso de las carreteras.

Además, la gestión de semáforos es un área en la que la IA está haciendo grandes avances. Los sistemas de semáforos inteligentes pueden analizar datos en tiempo real sobre el flujo de tráfico y ajustar automáticamente los tiempos de los semáforos para minimizar congestionamientos. Utilizando algoritmos de IA, estos sistemas pueden predecir patrones de tráfico basados en datos históricos, condiciones climáticas y eventos locales, ajustando los ciclos de luz verde y roja para facilitar un flujo vehicular más fluido. Esto no solo mejora la eficiencia del tráfico, sino que también reduce el tiempo de espera de los vehículos y disminuye la contaminación ambiental.

Además, la IA puede integrarse con aplicaciones de navegación y mapas en tiempo real, como Google Maps o Waze, que utilizan datos de usuarios para ofrecer rutas optimizadas y alertas sobre congestiones o accidentes. Al combinar la información del tráfico en tiempo real con el control de semáforos, es posible crear un sistema de transporte más cohesionado y efectivo, donde los vehículos pueden sincronizarse con los cambios de luz, reduciendo paradas innecesarias y mejorando la fluidez del tránsito.

La navegación aérea también se beneficia enormemente de la IA. Los sistemas de gestión del tráfico aéreo utilizan IA para optimizar las rutas de vuelo, controlar el espacio aéreo y garantizar la seguridad de las aeronaves. Mediante el análisis de grandes volúmenes de datos en tiempo real, la IA puede prever la congestión en ciertas rutas y sugerir alternativas más seguras y eficientes.

Además, los sistemas de IA pueden ayudar en la detección temprana de problemas mecánicos en aeronaves, permitiendo que se tomen decisiones proactivas antes de que se conviertan en emergencias.

Asimismo, los drones, que están ganando popularidad en diversas aplicaciones, como la entrega de paquetes, la vigilancia y la agricultura, dependen en gran medida de la IA para su navegación y operación. Estos vehículos aéreos no tripulados utilizan algoritmos de IA para mapear su entorno, evitar obstáculos y realizar tareas específicas de manera autónoma. Con el tiempo, la integración de la IA en la navegación aérea facilitará la creación de un sistema de tráfico aéreo más seguro y eficiente, permitiendo una coexistencia armoniosa entre aeronaves tripuladas y no tripuladas.

Otro aspecto importante es la posibilidad de implementar un sistema de priorización para vehículos de emergencia. La IA puede reconocer cuando una ambulancia o un coche de bomberos se acerca a un cruce, ajustando automáticamente los semáforos para que estos vehículos puedan pasar sin retrasos, lo que es crucial para salvar vidas en situaciones de emergencia.

La IA no solo se limita a la gestión de semáforos y vehículos autónomos, sino que también puede ser utilizada para analizar datos de accidentes y patrones de tráfico a largo plazo. Esta información puede ayudar a las autoridades a tomar decisiones informadas sobre la planificación urbana, el diseño de carreteras y la implementación de medidas de seguridad vial.

En resumen, la IA está transformando el sector del transporte mediante la mejora de la seguridad y la eficiencia. A través de vehículos autónomos de marcas como Tesla, Waymo, Cruise, y muchas otras, así como sistemas de gestión de semáforos inteligentes y optimización de la navegación aérea, se está creando un entorno de tráfico más seguro y fluido. Esta evolución no solo optimiza el desplazamiento urbano, sino que también contribuye a una reducción en la contaminación y mejora la calidad de vida en las ciudades, mientras que en el aire se garantiza un tráfico aéreo más ordenado y seguro.

4.7. La IA en el comercio: Un nuevo paradigma en la experiencia de compra

La inteligencia artificial (IA) está revolucionando el sector del comercio, mejorando la experiencia del cliente y optimizando las operaciones empresariales. Desde el análisis de datos hasta la personalización de la experiencia del consumidor, la IA se ha convertido en una herramienta esencial para las empresas que buscan mantenerse competitivas en un mercado en constante evolución.

Uno de los aspectos más significativos de la IA en el comercio es la personalización de la experiencia del cliente. Las empresas utilizan algoritmos de IA para analizar el comportamiento de compra de los clientes, sus preferencias y hábitos de navegación en línea. Esta información permite a las empresas ofrecer recomendaciones personalizadas de productos y servicios, aumentando la probabilidad de ventas.

Plataformas como Amazon y Netflix son ejemplos de cómo la personalización impulsada por la IA puede incrementar la satisfacción del cliente y fomentar la lealtad a la marca. La implementación de cajas de autopago en tiendas como Walmart también destaca el uso de la IA en la optimización del proceso de compra. Estos sistemas permiten a los clientes escanear y pagar sus productos sin necesidad de pasar por un cajero tradicional. Mediante el uso de tecnologías de reconocimiento de códigos de barras y algoritmos de IA, las cajas autopago facilitan un proceso de pago más rápido y eficiente, reduciendo las filas y mejorando la experiencia del cliente.

Del mismo modo, los cajeros automáticos multifunciones de los bancos han evolucionado para ofrecer una gama más amplia de servicios, como retiros de efectivo, depósitos, transferencias y pagos de servicios. Estos dispositivos están equipados con tecnologías de IA que permiten identificar patrones en las transacciones y anticipar las necesidades de los clientes, optimizando así el servicio y mejorando la satisfacción del usuario.

Además, Amazon ha estado probando tiendas sin caja de cobro, donde los clientes simplemente seleccionan los productos y los colocan en su carrito. Utilizando tecnologías avanzadas de IA, como sensores y cámaras, el sistema registra automáticamente los artículos seleccionados y carga el total de la compra a la tarjeta del cliente al salir de la tienda. Esta innovación elimina la necesidad de pasar por una caja de cobro, haciendo que la experiencia de compra sea más ágil y conveniente.

La IA también mejora la gestión del inventario al predecir la demanda de productos. Mediante el análisis de datos históricos y tendencias de mercado, las empresas pueden anticipar qué productos tendrán mayor demanda en ciertas temporadas. Esto permite optimizar el stock, reducir costos de almacenamiento y minimizar el riesgo de quedarse con mercancía no vendida. Por ejemplo, cadenas de supermercados y tiendas en línea utilizan modelos predictivos para asegurarse de que los productos más populares estén siempre disponibles.

La atención al cliente ha sido transformada por la IA. Los chatbots y asistentes virtuales, impulsados por tecnologías de procesamiento del lenguaje natural, permiten a las empresas ofrecer atención al cliente 24/7. Estos sistemas pueden responder preguntas frecuentes, resolver problemas y guiar a los clientes a través del proceso de compra, liberando al personal humano para que se enfoque en tareas más complejas. Esto no solo mejora la eficiencia operativa, sino que también proporciona una experiencia más rápida y satisfactoria para los consumidores.

Además, la IA permite un análisis de datos más profundo, proporcionando a las empresas información valiosa sobre tendencias de mercado y comportamientos de compra. Las herramientas de análisis predictivo pueden identificar patrones que no son evidentes a simple vista, permitiendo a las empresas adaptar sus estrategias de marketing y ventas en consecuencia. Por ejemplo, una empresa puede descubrir que ciertos productos se venden mejor en determinadas épocas del año o en ciertas ubicaciones geográficas, lo que les permite ajustar sus campañas de marketing para maximizar el impacto.
La IA también juega un papel fundamental en la automatización de procesos comerciales. Desde la gestión de la cadena de suministro hasta la facturación, la automatización impulsada por IA permite a las empresas

operar de manera más eficiente y reducir costos operativos. Esto incluye la optimización de la logística, donde los sistemas de IA pueden gestionar rutas de entrega, prever retrasos y mejorar la utilización de recursos, garantizando que los productos lleguen a su destino de la manera más eficiente posible.

Otro aspecto importante es el uso de la IA en la detección de fraudes. En el comercio electrónico, las transacciones en línea y físicas pueden ser vulnerables a actividades fraudulentas, lo que también afecta a comercios y bancos. La IA permite identificar patrones inusuales en las transacciones y alertar a las empresas y bancos sobre posibles fraudes en tiempo real. Esto ayuda a proteger tanto a los comerciantes como a los consumidores, aumentando la confianza en las transacciones en línea y en los servicios financieros.

En síntesis, la IA está transformando el comercio de múltiples maneras, desde la personalización de la experiencia del cliente hasta la optimización de la gestión de inventarios y la automatización de procesos. Las innovaciones como las cajas de autopago de Walmart, los cajeros automáticos multifunciones de los bancos y las tiendas sin caja de cobro de Amazon son ejemplos claros de cómo la tecnología está mejorando la eficiencia y la comodidad para los consumidores. Al aprovechar la IA, las empresas pueden ofrecer una experiencia más atractiva y eficiente a sus clientes, al mismo tiempo que mejoran sus operaciones internas. Este enfoque no solo impulsa el crecimiento empresarial, sino que también sienta las bases para un futuro donde la tecnología y el comercio se integren de manera más fluida.

4.8. Inteligencia Artificial al Servicio del Planeta: Soluciones para un Medio Ambiente Sostenible

La Inteligencia Artificial y su Impacto en el Medio Ambiente

La inteligencia artificial (IA) está emergiendo como una herramienta poderosa en la lucha contra los problemas ambientales y en la promoción de prácticas sostenibles. Al aplicar técnicas avanzadas de análisis de datos, la IA puede ayudar a gestionar y proteger nuestros recursos naturales, mejorar la eficiencia energética y abordar los desafíos del cambio climático.

Uno de los usos más significativos de la IA en el medio ambiente es el monitoreo y análisis de datos ambientales. Mediante la recopilación de grandes volúmenes de datos a través de sensores, satélites y otras tecnologías, la IA puede procesar esta información para identificar patrones y tendencias en el clima, la biodiversidad y la calidad del aire y el agua. Por ejemplo, plataformas como Google Earth Engine utilizan algoritmos de IA para analizar datos satelitales y monitorear la deforestación, la calidad del agua y otros indicadores ambientales en tiempo real. Esta herramienta permite a los investigadores y responsables de políticas tomar decisiones informadas y rápidas para abordar problemas ambientales críticos.

La IA también juega un papel crucial en la gestión de recursos naturales. En la agricultura, por ejemplo, empresas como PrecisionHawk y CropX utilizan sistemas de IA para analizar datos sobre el clima, el tipo de suelo y el crecimiento de los cultivos para optimizar el uso del agua y los fertilizantes. Esto no solo mejora la productividad agrícola, sino que también reduce el desperdicio de recursos y minimiza el impacto ambiental. Las herramientas de agricultura de precisión, que utilizan IA para guiar el riego y la aplicación de pesticidas, están ayudando a los agricultores a ser más sostenibles y a aumentar la producción sin agotar los recursos.

Además, la IA está revolucionando la gestión de la energía. Empresas como Siemens y General Electric están implementando sistemas inteligentes que utilizan IA para optimizar el consumo de energía en edificios y fábricas, identificar patrones de uso y proponer soluciones para reducir el consumo. Por ejemplo, los sistemas de gestión de energía en edificios pueden aprender de los hábitos de los ocupantes y ajustar automáticamente la calefacción, la refrigeración y la iluminación para maximizar la eficiencia energética. Esto no solo reduce los costos operativos, sino que también disminuye la huella de carbono asociada con el consumo de energía.

La IA también se está utilizando para mejorar la eficiencia en el transporte. Compañías como Uber y Waymo están desarrollando sistemas de transporte inteligentes que integran IA, capaces de analizar datos en tiempo real sobre el tráfico, las condiciones meteorológicas y el comportamiento del conductor para optimizar las rutas y reducir la congestión. Esto no solo mejora la experiencia de los usuarios, sino que también contribuye a la reducción de emisiones de gases de efecto invernadero. La implementación de vehículos autónomos y sistemas de movilidad compartida impulsados por IA puede revolucionar la forma en que nos movemos, haciendo el transporte más sostenible.

Otra aplicación destacada de la IA en la protección del medio ambiente es el monitoreo de la biodiversidad. La IA puede analizar datos de cámaras trampa, grabaciones de audio y sensores para identificar y rastrear especies en peligro de extinción. Proyectos como Wildlife Insights, que utiliza IA para procesar imágenes de animales, ayudan a los conservacionistas a monitorizar la salud de las poblaciones de vida silvestre. Además, la empresa EarthRanger proporciona software que permite a las organizaciones de conservación utilizar la IA para gestionar mejor las áreas protegidas y rastrear la fauna en tiempo real.

La gestión de residuos también se beneficia de la inteligencia artificial. Empresas como Rubicon están utilizando IA para optimizar las rutas de recolección de basura, prever los volúmenes de residuos y ayudar en la clasificación automática de materiales reciclables. Esto no solo mejora la eficiencia de la gestión de residuos, sino que también fomenta el reciclaje y reduce la cantidad de desechos que terminan en vertederos.

Sin embargo, la implementación de la IA en la sostenibilidad ambiental también enfrenta desafíos. La dependencia de grandes volúmenes de datos puede plantear problemas de privacidad y seguridad. Además, es fundamental garantizar que las soluciones de IA sean accesibles y no exacerben las desigualdades existentes, especialmente en comunidades vulnerables. La colaboración entre gobiernos, empresas y organizaciones no gubernamentales será esencial para abordar estos desafíos y garantizar que la IA se utilice de manera ética y responsable.

La inteligencia artificial ofrece un potencial inmenso para abordar los problemas ambientales y promover la sostenibilidad. Desde el monitoreo de la biodiversidad hasta la optimización del uso de recursos y la mejora de la eficiencia energética, la IA está cambiando la forma en que interactuamos con nuestro entorno. Al adoptar estas tecnologías de manera consciente y responsable, podemos avanzar hacia un futuro más sostenible y equilibrado, donde la innovación y la conservación vayan de la mano.

4.9. La Era de la IA: Innovación y Entretenimiento al Alcance de Todos

La Inteligencia Artificial en el Entretenimiento

La inteligencia artificial (IA) está revolucionando el sector del entretenimiento, ofreciendo herramientas y tecnologías que permiten la generación de contenido de manera innovadora y accesible. Desde la creación de videos y fotos hasta la producción musical, la IA está facilitando la creatividad y la diversificación de proyectos, lo que a su vez puede convertirse en un trampolín para el emprendimiento y nuevas actividades profesionales.

Una de las aplicaciones más destacadas de la IA en el entretenimiento es la generación de videos y fotografías. Herramientas como DeepArt, Runway, SeaArt y DALL-E permiten a los usuarios crear imágenes y videos a partir de descripciones de texto o estilos específicos. Esto facilita la producción de contenido atractivo para diversos temas, desde material educativo hasta contenido artístico. Por ejemplo, un creador de contenido podría utilizar estas herramientas para generar una serie de videos explicativos sobre ciencia o tecnología, presentando conceptos complejos de una manera visualmente impactante.

La IA también está incursionando en la generación de música. Plataformas como AIVA y Amper Music permiten a los usuarios componer piezas musicales personalizadas en cuestión de minutos. Estos sistemas utilizan algoritmos para analizar diferentes estilos y generar composiciones originales, lo que abre nuevas posibilidades para músicos, cineastas y creadores de contenido. Un ejemplo práctico podría ser un cineasta que necesita una banda sonora para un cortometraje; podría usar estas herramientas para crear música adaptada al ambiente y la emoción de su obra.

Además, con la ayuda de modelos de lenguaje como Chat GPT, los creadores pueden generar historias y cuentos de manera rápida y efectiva. Estas herramientas permiten a los usuarios ingresar ideas o conceptos, y la IA puede desarrollar narrativas completas, ayudando a escritores y cineastas a superar bloqueos creativos o explorar nuevas tramas. Por ejemplo, un guionista puede utilizar Chat GPT para obtener inspiración sobre personajes o diálogos, lo que enriquece su proceso creativo y le permite centrarse en otros aspectos de su obra.

Además de facilitar la creación de contenido, la IA puede ser un punto de partida para emprendimientos en el sector del entretenimiento. La capacidad de generar material visual y sonoro de alta calidad permite a los individuos explorar nuevas oportunidades de negocio. Por ejemplo, un diseñador gráfico freelance puede ofrecer sus servicios utilizando herramientas de IA para crear logotipos, ilustraciones y otros recursos visuales para clientes, aumentando su productividad y capacidad de atención al cliente.

Los emprendedores también pueden utilizar la IA para crear páginas web de manera más eficiente. Herramientas como Wix ADI permiten generar sitios web personalizados basados en las preferencias del usuario, simplificando el proceso de diseño y desarrollo. Esta facilidad de creación de páginas web puede ser especialmente valiosa para aquellos que desean establecer su presencia en línea, ya sea para un proyecto personal, un blog sobre cine o un portafolio de trabajos creativos.

La IA también se puede aplicar en el ámbito de la programación. Plataformas como GitHub Copilot utilizan inteligencia artificial para ayudar a los desarrolladores a escribir código, ofreciendo sugerencias y completando líneas automáticamente en diferentes lenguajes de programación. Esto no sólo acelera el proceso de desarrollo de aplicaciones y sitios web, sino que también puede ser un recurso útil para quienes están aprendiendo a programar.

En el contexto del diseño creativo, la IA permite crear contenido con temáticas de alta demanda, como el anime. Los diseñadores pueden utilizar herramientas de IA para generar ilustraciones y gráficos que se pueden aplicar en productos como playeras, tazas, cuadros, etc. Esta capacidad de generar diseños personalizados permite a los emprendedores captar la atención de nichos específicos, como los fanáticos del anime, y diversificar su oferta de productos. Por ejemplo, un artista podría crear una colección de diseños inspirados en anime y vender productos impresos en línea, aprovechando plataformas de comercio electrónico.

Quizás este sea uno de los campos con mayor demanda en la actualidad, ya que la apertura de la IA al público en general en 2022 ha permitido a más personas explorar y aprovechar estas tecnologías. La IA no solo está transformando el entretenimiento, sino que también está empoderando a los creadores, facilitando la innovación y el emprendimiento en un mundo cada vez más digital.

Otro ejemplo sorprendente de la aplicación de la IA en la creación de contenido, es el caso de Aitana, una influencer creada con inteligencia artificial por la agencia española The Clueless, ha alcanzado más de 110,000 seguidores en redes y atrae cada vez más la atención de marcas dispuestas a pagar por colaboraciones. Con su distintivo cabello rosa, Aitana encabeza una tendencia de modelos virtuales que buscan añadir diversidad en el marketing digital. Además de ella, The Clueless representa a Maia Lima, otra influencer virtual en crecimiento, y otras agencias también lanzan figuras digitales que acumulan popularidad y seguidores. Crear estos influencers es complejo y costoso, con modelos que llegan a costar hasta 2,500 euros para lograr realismo. Esta tecnología, que ya está generando una alternativa rentable a los creadores de contenido tradicionales, podría rediseñar el mercado de influencers, incluso desplazando a figuras humanas. Influencers como la popular estadounidense Miquela

(@lilmiquela) y Sofía Artif (@sofia.artif) ya han dominado redes sociales, campañas y colaboraciones, mostrando el potencial de las influencers de IA como un nuevo estándar en el marketing digital.

4.10. Inteligencia Artificial en el Trabajo: Innovaciones en Diversas Profesiones

La inteligencia artificial (IA) está revolucionando múltiples sectores, transformando la manera en que los profesionales trabajan y brindan servicios. Su aplicación en diversas disciplinas no solo mejora la eficiencia, sino que también potencia la calidad de atención al cliente y la toma de decisiones.

Abogados: En el ámbito legal, la IA se utiliza para realizar investigaciones de antecedentes, analizar documentos y predecir resultados de casos. Herramientas de IA como LexisNexis y Westlaw permiten a los abogados consultar leyes específicas y precedentes judiciales casi de manera inmediata, agilizando la investigación legal. Además, sistemas como Ross Intelligence, que emplean modelos de lenguaje como GPT, pueden responder preguntas legales complejas y ayudar a los abogados a encontrar información relevante para sus casos. Estos avances no solo optimizan el tiempo de trabajo, sino que también permiten a los profesionales construir argumentos más sólidos y ofrecer asesorías más informadas a sus clientes.

Psicólogos: La IA también está transformando la psicología, donde se desarrollan aplicaciones que utilizan algoritmos para ofrecer apoyo emocional y terapia. Programas como Woebot y Youper utilizan modelos de lenguaje natural para proporcionar orientación basada en principios de terapia cognitivo-conductual, permitiendo a los usuarios gestionar el estrés y la ansiedad de manera accesible. Además, la IA puede ayudar a analizar patrones de comportamiento en pacientes, facilitando diagnósticos más precisos y personalizando las intervenciones terapéuticas.

Dentistas: En el campo de la odontología, la IA se utiliza para mejorar el diagnóstico y el tratamiento. Sistemas de imagenología dental impulsados por IA, como DentistryIQ, pueden analizar radiografías para detectar caries, enfermedades de las encías y otros problemas bucales con una precisión superior. Esto permite a los dentistas planificar tratamientos más efectivos y a los pacientes recibir atención preventiva oportuna.

Médicos: La aplicación de la IA en la medicina es quizás una de las más impactantes. Desde el análisis de imágenes médicas hasta el diagnóstico asistido por computadora, la IA puede procesar grandes cantidades de datos para identificar enfermedades en etapas tempranas. Herramientas como IBM Watson Health y Google DeepMind ayudan a los profesionales de la salud a interpretar imágenes médicas y gestionar registros clínicos, facilitando la personalización del tratamiento y el seguimiento de la salud del paciente.

Contadores: En el ámbito financiero, los contadores se benefician de la IA para la automatización de tareas repetitivas, como la conciliación de cuentas y la generación de informes. Herramientas como Xero y

QuickBooks, que utilizan algoritmos de IA, pueden analizar patrones de gastos y prever tendencias financieras, ayudando a las empresas a tomar decisiones más informadas y estratégicas.

Educadores: La IA está empezando a jugar un papel crucial en la educación. Plataformas de aprendizaje adaptativo, como Knewton y DreamBox, utilizan algoritmos de IA para personalizar la experiencia de aprendizaje de cada estudiante, ajustando el contenido y el ritmo según las necesidades individuales. Esto permite a los educadores identificar áreas de mejora en sus alumnos y ofrecer un apoyo más efectivo.

Recursos Humanos: En el sector de recursos humanos, la IA facilita la selección de personal mediante el análisis de currículos y perfiles de candidatos. Herramientas como HireVue y Pymetrics emplean modelos de IA para identificar habilidades clave y prever la compatibilidad cultural de un candidato con la empresa, agilizando el proceso de contratación y mejorando la calidad de las decisiones.

Agricultores: En la agricultura, la IA se utiliza para optimizar la producción y el manejo de cultivos. Sensores y drones impulsados por IA recopilan datos sobre el estado del suelo, el clima y las plagas. Herramientas como PrecisionHawk y CropX utilizan algoritmos de IA para proporcionar recomendaciones que permiten a los agricultores tomar decisiones más informadas sobre la siembra, el riego y la cosecha.

4.11. IA aplicada al turismo

La inteligencia artificial (IA) está revolucionando el turismo al mejorar la experiencia del viajero y optimizar servicios clave. Una aplicación innovadora es la generación de voz asistida por IA en puntos turísticos, donde los visitantes pueden acceder a guías narradas mediante códigos QR. Este sistema permite escuchar la historia y los datos de cada lugar en varios idiomas, personalizando la visita y superando barreras idiomáticas.

Además, la IA se emplea en sistemas de recomendación personalizados, que sugieren actividades, restaurantes y rutas según las preferencias del turista. Hoteles y aerolíneas también utilizan IA para gestionar reservas, analizar datos de ocupación, y ofrecer promociones exclusivas en tiempo real. Otro uso es la creación de itinerarios inteligentes: el viajero ingresa sus intereses, y la IA diseña un plan que optimiza el tiempo y resalta atracciones clave.

Con asistentes virtuales, mapas interactivos y traducción en tiempo real, la IA permite a los destinos turísticos ofrecer experiencias más accesibles, informativas y personalizadas, impulsando la interacción y el disfrute de los viajeros en cada etapa de su aventura.

5. Ética y desafíos de la IA

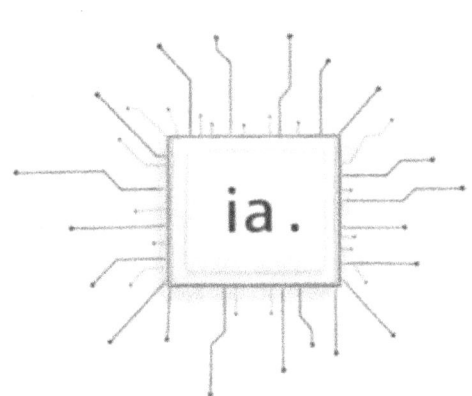

5.1. Consideraciones éticas en el desarrollo de IA

El avance de la inteligencia artificial (IA) ha generado un profundo impacto en múltiples sectores de la sociedad, desde la salud y la educación hasta la justicia y la economía. Sin embargo, este progreso no está exento de desafíos éticos que requieren atención cuidadosa e inmediata. A medida que la IA se integra cada vez más en nuestras vidas, es fundamental abordar las consideraciones éticas que surgen en su desarrollo y aplicación.

I. Transparencia

La transparencia es una de las piedras angulares de un desarrollo ético de la IA. Muchos sistemas operan como "cajas negras", lo que significa que sus decisiones y procesos internos son poco claros para los usuarios. Esta falta de comprensión puede dar lugar a desconfianza, especialmente en aplicaciones críticas como el diagnóstico médico o la toma de decisiones legales. Es esencial que los desarrolladores expliquen cómo funcionan sus algoritmos, permitiendo a los usuarios entender las bases de las decisiones que se toman. Esta transparencia no solo aumenta la confianza en la tecnología, sino que también facilita la rendición de cuentas.

II. Autonomía y Toma de Decisiones

La IA está diseñada para apoyar la toma de decisiones, pero es esencial que se mantenga la autonomía humana. Las personas deben poder cuestionar y desafiar las decisiones generadas por la IA, especialmente en contextos críticos como la salud y la justicia. La tecnología no debe sustituir el juicio humano, sino complementarlo, asegurando que siempre haya una opción para la intervención humana y que los usuarios sean parte activa en el proceso de toma de decisiones.

III. Responsabilidad y Rendición de Cuentas

La rendición de cuentas es crucial en el desarrollo de la IA. Es importante definir quién es responsable cuando los sistemas de IA cometen errores o causan daños. Por ejemplo, en el caso de un accidente de un automóvil autónomo, si el vehículo causa un accidente debido a un error en su programación o en la interpretación de su entorno, surge la pregunta: ¿es responsable el fabricante del vehículo, el programador del software o el propietario del automóvil? Las organizaciones deben establecer políticas claras sobre la responsabilidad en el uso de la IA, creando comités éticos y realizando revisiones regulares de sus sistemas. Esto asegura que haya un mecanismo para abordar problemas y que los usuarios puedan buscar justicia en caso de daños.

IV. Problemas de Desinformación y Deep Fakes (Audios, videos o imágenes falsas)

Uno de los desafíos más preocupantes que plantea la IA es la creación de deep fakes y la propagación de desinformación a través de las redes sociales. Estos videos y audios manipulados pueden hacer que figuras públicas digan o hagan cosas que nunca sucedieron, lo que puede tener repercusiones políticas, económicas y de seguridad. Por ejemplo, en las elecciones, la difusión de noticias falsas o declaraciones engañosas puede socavar la confianza pública en el proceso democrático. Un caso notable es cuando un video alterado del presidente Joe Biden fue utilizado para incitar a los votantes a no participar en las próximas elecciones, poniendo en riesgo la integridad del proceso electoral y la democracia. La facilidad con la que se pueden crear y compartir estos contenidos en plataformas como Facebook requiere una regulación cuidadosa y un enfoque proactivo para educar a los usuarios sobre cómo identificar y combatir la desinformación.

V. Sostenibilidad

El desarrollo de la IA también debe considerar su impacto ambiental. El uso de inteligencia artificial (IA) consume una cantidad significativa de agua y energía eléctrica por diversas razones relacionadas con su funcionamiento y desarrollo.

En primer lugar, los modelos de IA, especialmente aquellos basados en aprendizaje profundo, requieren enormes cantidades de datos y potencia computacional. Este proceso implica el uso de centros de datos que albergan servidores que deben estar en funcionamiento constante. La energía eléctrica necesaria para entrenar estos modelos es considerable y puede llevar a un alto consumo energético.

Además, los servidores que ejecutan algoritmos de IA generan mucho calor, lo que exige sistemas de refrigeración para mantener su temperatura adecuada. Estos sistemas de refrigeración, a menudo, utilizan grandes cantidades de agua, especialmente aquellos que emplean refrigeración líquida para evitar el sobrecalentamiento de los equipos. Este aspecto es crítico para el funcionamiento eficiente de los centros de datos, pero contribuye al alto consumo de agua.

El consumo eléctrico no se limita solo al entrenamiento de modelos. También se necesita una gran potencia de cálculo para las inferencias, es decir, para las predicciones que se realizan una vez que los modelos han sido entrenados. A medida que los modelos se vuelven más complejos y se utilizan más en aplicaciones comerciales, el consumo de energía y agua puede aumentar significativamente.

Además, el impacto ambiental de este alto consumo de recursos es preocupante, sobre todo si la electricidad proviene de fuentes no renovables. La generación de energía a partir de combustibles fósiles no solo consume recursos, sino que también contribuye a las emisiones de gases de efecto invernadero, por lo que es fundamental desarrollar soluciones de IA que sean sostenibles, buscando minimizar el consumo de recursos y reducir la huella de carbono asociada con su uso.

VI. Normativas y Regulaciones

Por último, la creación de marcos normativos que regulen el desarrollo y uso de la IA es esencial y urgente. Las leyes y regulaciones deben adaptarse a la rápida evolución de esta tecnología, garantizando la protección de los derechos de los individuos y promoviendo prácticas éticas. Sin embargo, el avance vertiginoso y exponencial de la IA va más rápido que la creación de normatividades y regulaciones necesarias, tanto en Estados Unidos de Norte América como la Unión Europea, Japón y china el tema de legislar el desarrollo y uso de la IA no es tema principal de sus agendas, a pesar que son los principales generadores de estas tecnologías, lo que complica aún más el establecimiento de un marco regulatorio, coherente, efectivo y homólogo a nivel global. La colaboración entre gobiernos, industrias y organizaciones de la sociedad civil será clave para establecer un entorno que fomente la innovación responsable.

Las consideraciones éticas en el desarrollo de inteligencia artificial son fundamentales para asegurar que esta tecnología beneficie a la sociedad de manera justa y equitativa. Abordar temas como la transparencia, la responsabilidad, los problemas de desinformación y la sostenibilidad es crucial para construir un futuro en el que la IA se utilice de manera ética, promoviendo el bienestar humano y la sostenibilidad.

5.2. Sesgos y equidad en algoritmos

La inteligencia artificial (IA) se ha consolidado como una herramienta poderosa en diversas áreas, pero su desarrollo enfrenta serios desafíos éticos debido a la presencia de sesgos en los algoritmos. Estos sesgos pueden llevar a decisiones injustas y a la perpetuación de desigualdades en el acceso y los resultados. Los sesgos pueden surgir de múltiples fuentes, como los datos de entrenamiento, el diseño del algoritmo y la interpretación de los resultados. Un ejemplo crítico es el reconocimiento facial, que ha demostrado ser menos preciso al identificar a personas de color en comparación con personas blancas, lo que puede resultar en desigualdad.
La equidad en el desarrollo y uso de la IA es fundamental para asegurar que todas las personas, independientemente de su raza, género, orientación sexual o estatus socioeconómico, tengan acceso a las mismas oportunidades. La IA puede desempeñar un papel positivo en la reducción de desigualdades, como en el ámbito de la salud, donde los algoritmos pueden ayudar a atender las necesidades de comunidades históricamente desatendidas. Así mismo, en el ámbito laboral, un enfoque ético en el desarrollo de algoritmos puede garantizar evaluaciones justas para todos los candidatos.
Para lograr un desarrollo ético de la IA, es necesario adoptar principios que promuevan la justicia y la transparencia. Fomentar equipos diversos en términos de

género, raza y experiencias puede ayudar a identificar y mitigar sesgos en los algoritmos. También es esencial implementar auditorías y evaluaciones regulares para corregir sesgos y asegurar la transparencia en la evaluación de los modelos. La educación sobre los riesgos de los sesgos es crucial para desarrolladores y usuarios, y el involucramiento de las comunidades afectadas en el proceso de desarrollo puede garantizar que todas las voces sean consideradas.

Cómo consecuencia la presencia de sesgos en los algoritmos de IA plantean serias preocupaciones éticas. Abordar estos sesgos y trabajar hacia una mayor equidad es esencial para garantizar que la tecnología beneficie a todos y no perpetúe desigualdades existentes. La ética en la IA debe ser un compromiso continuo que involucre a desarrolladores, empresas y comunidades para construir un futuro más justo y equitativo.

5.3. Privacidad y seguridad de datos

La inteligencia artificial (IA) plantea desafíos importantes en cuanto a privacidad y seguridad de datos, ya que los sistemas dependen de grandes cantidades de información personal. La recolección de datos debe ser transparente, con el consentimiento informado de los usuarios, quienes muchas veces desconocen cómo se utiliza su información. Las aplicaciones de IA pueden acceder a datos sensibles sobre hábitos, salud o ubicación, lo que genera preocupaciones éticas sobre la vigilancia masiva y el posible mal uso de la información.

El almacenamiento y protección de estos datos es igualmente crítico. Las violaciones de seguridad pueden tener consecuencias graves, como el robo de identidad o la exposición de datos sensibles. Es fundamental que las empresas implementen sistemas robustos de seguridad, como la encriptación, y asuman la responsabilidad en caso de brechas de seguridad.

Otro desafío ético es la anonimización de los datos, que, aunque intenta proteger la privacidad, no siempre es efectiva. Estudios han demostrado que es posible reidentificar a las personas a través de datos anónimos, lo que cuestiona la verdadera protección que ofrecen estos métodos.

Finalmente, el avance de la IA ha superado la creación de regulaciones y normativas adecuadas. Aunque existen marcos legales como el GDPR en Europa, el ritmo de la innovación tecnológica ha dejado un vacío regulatorio en torno a la protección de los derechos de los usuarios. La ética en el desarrollo de IA exige transparencia, el derecho al control de los datos por parte de los usuarios, y la implementación de medidas de seguridad más efectivas para proteger la privacidad en este entorno digital.

5.4. Impacto en el empleo y la economía

El uso de la inteligencia artificial (IA) está teniendo un impacto profundo en el empleo y la economía global. A medida que la IA avanza, está transformando industrias enteras, afectando tanto a la naturaleza del trabajo como a la distribución de la riqueza. Aunque la IA promete aumentar la productividad y mejorar la eficiencia, también plantea preocupaciones sobre la destrucción de empleos, la desigualdad económica y el futuro de la fuerza laboral.

Uno de los efectos más visibles del avance de la IA es la automatización de tareas. Procesos que antes requerían la intervención humana, como el manejo de datos, la atención al cliente o el análisis financiero, ahora pueden ser realizados por algoritmos con mayor rapidez y precisión. Un ejemplo claro es el uso de asistentes virtuales o chatbots en atención telefónica, donde un gran número de personas ha sido desplazado por sistemas automatizados que resuelven preguntas comunes o gestionan solicitudes sin la necesidad de un operador humano. Lo mismo ocurre en sector bancario dónde los cajeros del banco poco a poco están siendo desplazados por cajeros automáticos multifunciones y aplicaciones móviles dando como resultado una reducción drástica en el número de empleados en sucursales físicas.

En el ámbito de los trabajos administrativos, como el de secretarias y personal de oficina, muchas tareas rutinarias han sido automatizadas con el uso de herramientas de gestión y asistentes virtuales capaces de organizar calendarios, redactar correos electrónicos e incluso tomar decisiones simples basadas en datos. La traducción automática, por ejemplo, ha visto un gran avance con el uso de modelos de lenguaje como Google Translate o Chat GPT, lo que ha reducido la demanda de traductores humanos en tareas básicas o rutinarias. Estos cambios han generado temores sobre la pérdida de empleos en sectores como la manufactura, el transporte, atención al cliente y los servicios financieros, donde millones de personas corren el riesgo de ser reemplazadas por máquinas.

Aunado a estas preocupaciones, figuras como Elon Musk CEO de Tesla han declarado que a medida que la IA siga evolucionando, el trabajo podría volverse opcional y que en el futuro la gente trabajará principalmente por hobby o por placer, no por necesidad. Esta idea se basa en la posibilidad de que la IA asuma tantas tareas que el empleo, tal como lo conocemos, se vuelva menos relevante para la mayoría de la población.

En este contexto, surge el debate sobre la **Renta Básica Universal** (RBU), una propuesta para proporcionar a todas las personas un ingreso mínimo garantizado sin condiciones, independientemente de si tienen empleo o no. La RBU ha sido considerada como una posible solución para enfrentar los efectos disruptivos de la IA en el mercado laboral, garantizando que todos los ciudadanos tengan acceso a recursos básicos, incluso si su empleo ha sido automatizado. Países como Finlandia, Canadá, Corea del sur, Namibia entre otros ya han experimentado con este concepto, y la discusión está ganando terreno en otros lugares, especialmente en un mundo donde la automatización podría reducir drásticamente la cantidad de empleos disponibles.

A pesar de los temores sobre la pérdida de empleos, la IA también está generando nuevas oportunidades laborales, especialmente en áreas especializadas como el desarrollo de software, análisis de datos, ciberseguridad, y gestión de IA. Las empresas ahora requieren de expertos capaces de diseñar, implementar y supervisar sistemas de IA, lo que está creando una creciente demanda de habilidades tecnológicas avanzadas. Además, se están abriendo nuevos roles en sectores emergentes, donde los humanos y las máquinas colaboran de manera más estrecha.

El problema, sin embargo, es que este desplazamiento laboral no es equitativo. Los trabajadores con habilidades tecnológicas pueden adaptarse a la transformación digital, mientras que aquellos en empleos más tradicionales o con menos acceso a educación tecnológica podrían verse marginados. Esto puede aumentar las desigualdades económicas, donde solo una fracción de la población se beneficia de los avances tecnológicos, mientras que otros enfrentan el desempleo y la precariedad laboral. Además, las grandes corporaciones tecnológicas que lideran el desarrollo de IA, como Google y Amazon, están capturando una proporción significativa de los beneficios económicos, lo que podría concentrar aún más el poder económico.

Otro factor a considerar es que el avance de la IA está ocurriendo más rápido que la creación de regulaciones. Tanto en la Unión Europea como en Estados Unidos de Norte América, los gobiernos se enfrentan al desafío de regular estas tecnologías de manera efectiva sin frenar la innovación. Mientras que algunos abogan por marcos legales estrictos que protejan a los trabajadores y consumidores, otros sostienen que demasiadas restricciones pueden ralentizar el crecimiento económico. Este vacío normativo deja a muchos sectores vulnerables a los efectos impredecibles de la automatización, y países como China y Japón también están invirtiendo significativamente en IA, aumentando la competencia global por el liderazgo en esta tecnología.

En cuanto a la productividad y el crecimiento económico, la IA tiene el potencial de aumentar significativamente la eficiencia en múltiples sectores. Empresas de comercio, logística y manufactura están implementando IA para optimizar sus operaciones, reducir costos y mejorar la calidad de los productos y servicios. Este aumento en la productividad podría traducirse en un crecimiento económico generalizado a largo plazo, pero los beneficios no se distribuirán de manera uniforme. Los países con acceso a mejores infraestructuras tecnológicas y recursos financieros tienen una ventaja competitiva, lo que puede ensanchar la brecha entre economías desarrolladas y en desarrollo.

El impacto de la IA en el empleo y la economía es un tema complejo que presenta tanto oportunidades como desafíos. Aunque promete un futuro donde el trabajo podría ser opcional y la tecnología podría mejorar nuestras vidas, también trae consigo el riesgo de desigualdad social y desempleo masivo. El equilibrio entre el progreso tecnológico y la protección de los derechos de los trabajadores requerirá políticas públicas innovadoras y un enfoque ético en el desarrollo de la IA.

5.4.1. Caso de Klarna una empresa sueca de ventas por línea

Un claro ejemplo que ilustra el cómo la IA está transformando la economía y el empleo lo ofrece Klarna, una empresa sueca de ventas en línea que factura alrededor de 2,000 millones de euros anuales. Klarna implementó IA en su proceso de atención al cliente, delegando a la inteligencia artificial dos tercios de las interacciones con los <u>clientes insatisfechos</u>. Esta medida permitió gestionar 2.7 millones de chats, alcanzando el mismo nivel de satisfacción que cuando el servicio era totalmente humano. Además, la empresa logró una reducción del 25% en consultas repetitivas y disminuyó el tiempo de atención al cliente de 11 a 2 minutos, al mismo tiempo que ofrecía soporte en 35 idiomas en 23 mercados distintos.

Los beneficios financieros de esta implementación fueron notables: Klarna generó 45 millones de euros adicionales gracias a la eficiencia de la IA. Sin embargo, esta transformación también trajo consigo un coste social importante, ya que 700 personas perdieron su empleo debido a la automatización de estos procesos. Este ejemplo ilustra claramente hacia dónde se dirigen muchas empresas en la actualidad: aquellas que no se adapten a la integración de tecnologías de IA corren el riesgo de quedar rezagadas o desaparecer.

La capacidad de la IA para optimizar operaciones a gran escala, reducir costos y mejorar la eficiencia es indudable, pero también plantea un desafío ético significativo en cuanto al desplazamiento laboral y la redistribución de la riqueza.

Un novedoso índice creado por el Banco Interamericano de Desarrollo muestra que, en Estados Unidos, 43 millones de empleos se verán afectados por la introducción de la IA en el plazo de solo un año. En México, serán 16 millones de puestos de trabajo.

6. El Futuro de la IA

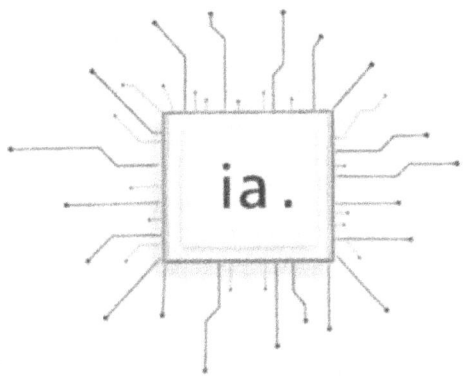

6.1. Tendencias y avances que están por venir

La inteligencia artificial (IA) está en constante evolución, y los avances y tendencias emergentes prometen transformar aún más la forma en que interactuamos con la tecnología y cómo se aplican estas herramientas en diversas industrias. Uno de los desarrollos más emocionantes en IA es el avance de los modelos generativos, que pueden crear contenido original, desde texto y música hasta imágenes y videos. Herramientas como Chat GPT 4 y DALL-E están llevando la creatividad asistida por IA a nuevos niveles. A medida que estos modelos se vuelven más sofisticados, se espera que sean utilizados en una variedad de aplicaciones, desde la creación de contenido para marketing hasta el diseño gráfico, permitiendo a las empresas generar material de alta calidad de manera rápida y eficiente.

Además, el procesamiento del lenguaje natural seguirá mejorando, lo que permitirá una comunicación más fluida entre humanos y máquinas. Las IA podrán entender y generar texto con un contexto más profundo, facilitando interacciones más naturales en aplicaciones de atención al cliente, asistencia personal y traducción de idiomas. Esta tendencia permitirá a las empresas proporcionar un servicio más personalizado y eficaz.

La automatización de procesos, impulsada por la IA, está destinada a expandirse en múltiples sectores, desde la manufactura hasta los servicios financieros. Los sistemas de automatización inteligente no solo realizarán tareas repetitivas, sino que también tomarán decisiones basadas en datos en tiempo real. Esto aumentará la eficiencia operativa, reducirá costos y liberará a los empleados de tareas mundanas para que puedan centrarse en funciones más estratégicas y creativas.

La aplicación de la IA en el ámbito de la salud está avanzando rápidamente. Desde diagnósticos más precisos y rápidos hasta el desarrollo de tratamientos personalizados, la IA está revolucionando la medicina. Se anticipa que los algoritmos de IA ayudarán en la detección temprana de enfermedades, el análisis de datos genómicos y la gestión de la atención al paciente. Esto no solo mejorará los resultados de salud, sino que también optimizará el uso de recursos en el sector sanitario.

Con el aumento del uso de la IA, también hay un creciente enfoque en la ética y la transparencia. Las empresas e instituciones están cada vez más bajo presión para desarrollar y utilizar IA de manera responsable. Esto incluye la implementación de políticas para abordar sesgos en los algoritmos, asegurar la privacidad de los datos y garantizar que las decisiones tomadas por sistemas de IA sean explicables y justas. Se espera que la regulación y las directrices éticas se conviertan en una tendencia clave en los próximos años.

La IA también está comenzando a transformar el sector educativo. Las plataformas de aprendizaje basadas en IA pueden ofrecer experiencias personalizadas, adaptando el contenido a las necesidades y habilidades de cada estudiante. Esto facilitará un aprendizaje más efectivo y accesible. Además, los tutores virtuales impulsados por IA podrán ofrecer apoyo a estudiantes en tiempo real, mejorando la experiencia educativa.

Otro ámbito en el que la IA jugará un papel crucial es la sostenibilidad. Desde la optimización de procesos de producción hasta la gestión de recursos naturales, la IA puede ayudar a las empresas a reducir su huella de carbono y operar de manera más ecológica. Las soluciones de IA también se utilizarán en la modelización climática y la gestión de desastres, ayudando a abordar algunos de los mayores desafíos ambientales de nuestro tiempo.

La interacción entre humanos y máquinas seguirá evolucionando, con un enfoque en la colaboración más que en la sustitución. La IA asistida por humanos, donde las máquinas complementan y mejoran las habilidades humanas, será clave en muchas industrias. Esta colaboración permitirá a los trabajadores centrarse en tareas que requieren creatividad y pensamiento crítico, mientras que las máquinas manejarán tareas más técnicas y repetitivas.

A medida que la demanda de capacidades de IA aumenta, también lo hará el desarrollo de hardware especializado, como chips de IA y procesadores de alto rendimiento. Estos avances permitirán un procesamiento más rápido y eficiente de grandes volúmenes de datos, lo que impulsará el desarrollo y la implementación de modelos de IA más sofisticados.

Finalmente, la IA también desempeñará un papel crucial en la ciberseguridad, ayudando a detectar y responder a amenazas en tiempo real. Con la creciente sofisticación de los ataques cibernéticos, las soluciones de IA serán fundamentales para proteger datos sensibles y sistemas críticos, analizando patrones y comportamientos para identificar actividades sospechosas antes de que causen daños.

En resumen, las tendencias y avances que se están desarrollando en el ámbito de la inteligencia artificial apuntan a un futuro donde la tecnología se integrará de manera aún más profunda en nuestra vida diaria y en diversas industrias. Con un enfoque en la innovación responsable, la colaboración y la mejora continua, la IA tiene el potencial de transformar significativamente nuestra sociedad y economía.

6.2. ¿Qué podría significar la IA para nuestro futuro?

La inteligencia artificial (IA) está destinada a ser un factor determinante en la configuración de nuestro futuro, afectando no solo la forma en que trabajamos y vivimos, sino también cómo interactuamos entre nosotros y con el mundo que nos rodea. A medida que la IA sigue evolucionando, es esencial explorar sus posibles implicaciones en diversas áreas, así como sus desafíos y oportunidades. Uno de los aspectos más intrigantes de la IA es su capacidad para establecer conexiones emocionales con los humanos, un tema que se explora profundamente en la película "*Her*", donde un hombre se enamora de su asistente virtual, Samantha. Esta narrativa plantea preguntas sobre la naturaleza de las relaciones humanas y la posible dependencia emocional de la tecnología en un futuro donde la IA podría jugar un papel central en nuestras vidas.

Una de las áreas más impactadas por la IA será el ámbito laboral. La automatización de tareas repetitivas y la optimización de procesos permitirán que los empleados se concentren en actividades más creativas y estratégicas. Esto podría resultar en una mayor satisfacción laboral y una mejora en la calidad del trabajo. Sin embargo, también plantea el desafío del desplazamiento de ciertos empleos, lo que obligará a las personas a adaptarse a nuevas habilidades y a la formación continua. En este sentido, la educación y la recapacitación se convertirán en elementos esenciales y obligatorios para preparar a la fuerza laboral del futuro.

La capacidad de la IA para procesar y analizar datos rápidamente permitirá una toma de decisiones más informada en diversas áreas, desde los negocios hasta la política y el medio ambiente. Las organizaciones podrán utilizar la IA para prever tendencias, gestionar riesgos y optimizar recursos, lo que contribuirá a una mayor eficiencia y sostenibilidad. Sin embargo, esto también plantea la cuestión de la dependencia excesiva de la tecnología en decisiones críticas, lo que requerirá un equilibrio entre el juicio humano y la intervención de la IA.

La IA está diseñada para hacer nuestra vida más fácil y eficiente. Desde asistentes virtuales que gestionan nuestras tareas diarias hasta sistemas de domótica que optimizan el uso de la energía en nuestros hogares, la IA promete mejorar nuestra calidad de vida.

En "Her", la relación entre el protagonista y su asistente virtual plantea dilemas sobre la autenticidad de las emociones y la conexión. A medida que las personas pueden desarrollar vínculos afectivos con inteligencias artificiales, surge la pregunta de qué significa realmente el amor y la intimidad. Este tipo de interacciones pueden ofrecer consuelo y compañía, pero también pueden generar dependencia emocional, desplazando las relaciones humanas tradicionales. La película invita a la reflexión sobre cómo la tecnología puede influir en nuestra comprensión de las relaciones y la conexión personal en un futuro donde los asistentes virtuales pueden llegar a ser emocionalmente inteligentes.

En síntesis, la IA tiene el potencial de transformar profundamente nuestro futuro, ofreciendo oportunidades para mejorar la eficiencia, la salud y la calidad de vida. Sin embargo, también plantea desafíos significativos que deben ser abordados con responsabilidad. La forma en que gestionemos estos avances determinará si la IA será una fuerza para el bien, capaz de enriquecer nuestras vidas y sociedades, o si, por el contrario, se convertirá en una fuente de división y desigualdad. La clave estará en la colaboración entre gobiernos, empresas y la sociedad civil para asegurar que la IA se desarrolle y utilice de manera ética y equitativa, guiando así nuestro futuro hacia un camino más prometedor y sostenible.

6.3. Cómo la IA puede transformar nuestra sociedad

La inteligencia artificial (IA) tiene el potencial de transformar nuestra sociedad de manera profunda y extensa. Su capacidad para mejorar la productividad y la eficiencia en diversas industrias es uno de los aspectos más destacados. Al automatizar tareas rutinarias y optimizar procesos, las empresas pueden reducir costos y minimizar su impacto ambiental, como se ha visto en el sector manufacturero.

En el ámbito de la salud, la IA puede revolucionar el diagnóstico y tratamiento de enfermedades al analizar grandes volúmenes de datos clínicos, lo que permite intervenciones más precisas y proactivas. Esta tecnología también promete personalizar la atención médica y mejorar la calidad de vida de los pacientes, contribuyendo a un aumento significativo en la esperanza de vida. Algunas estimaciones sugieren que, con el uso de la IA en la atención sanitaria y la prevención de enfermedades, la esperanza de vida podría alcanzar los 120 años, e incluso hay quienes afirman que podría llegar hasta los 150 años.

La educación se beneficiará de la IA mediante el aprendizaje personalizado, donde sistemas de tutoría inteligente pueden adaptar los recursos educativos a las necesidades individuales de los estudiantes, mejorando así la inclusión y el rendimiento académico.

El sector del transporte está experimentando cambios significativos gracias a la IA, con el desarrollo de vehículos autónomos que prometen aumentar la seguridad vial y reducir la congestión urbana. Esto podría cambiar la forma en que diseñamos nuestras ciudades, haciéndolas más sostenibles y accesibles.

Además, la IA puede abordar desafíos sociales, como la pobreza y el cambio climático, al analizar datos y optimizar la distribución de recursos. Sin embargo, la implementación de la IA también presenta desafíos éticos, como la privacidad de los datos y el sesgo algorítmico, que deben ser abordados para garantizar un uso responsable.

En conclusión, la IA tiene el potencial de mejorar múltiples aspectos de la vida cotidiana, desde la atención médica hasta la educación y el transporte. A medida que esta tecnología avanza, es esencial asegurar que su implementación sea ética y equitativa, promoviendo un futuro más sostenible y próspero para todos. La visión de un futuro donde la esperanza de vida se expanda significativamente con la ayuda de la IA es una posibilidad fascinante que invita a reflexionar sobre cómo puede mejorar nuestras vidas en las próximas décadas.

7. Mitos y Realidades sobre la IA

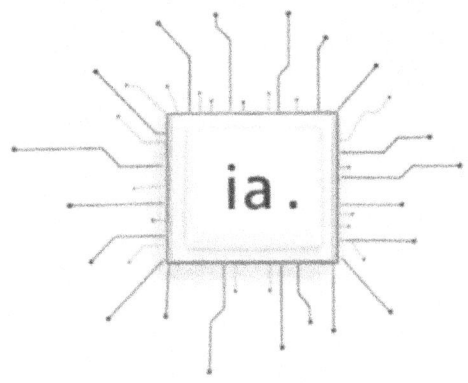

7.1. Desmitificando la inteligencia artificial

Existen varios mitos comunes sobre la inteligencia artificial (IA) que pueden llevar a malentendidos respecto a su funcionamiento y su impacto en la sociedad. Uno de los "mitos" más extendidos es que la IA reemplazará todos los trabajos. Si bien la IA puede automatizar ciertas tareas, también tiene el potencial de crear nuevos empleos y transformar la naturaleza de muchos roles, en lugar de eliminar todos los trabajos existentes, por lo que será crucial capacitarse en estas nuevas tecnologías que ya no permitirán estar al margen de ella.

Otro mito es que la IA es infalible. Los sistemas de IA son propensos a errores, especialmente si los datos con los que se entrenan son sesgados o incorrectos. Además, la IA puede experimentar "alucinaciones", donde genera información falsa o errónea sin que haya una base en los datos. Por lo tanto, no se puede confiar en que siempre proporcionen resultados precisos. Además, se suele pensar que la IA tiene conciencia o emociones. Sin embargo, la IA no posee sentimientos ni conciencia, ya que funciona a través de algoritmos y procesamiento de datos sin entender o experimentar emociones.

También es un error asumir que la IA puede razonar como un humano. Aunque la IA es capaz de procesar y analizar información de manera eficiente, no puede aplicar el sentido común ni entender contextos complejos de la misma manera que un ser humano. Otro mito es la creencia de que la IA es completamente autónoma. En realidad, muchos sistemas de IA requieren supervisión y ajustes humanos, ya que no son independientes y dependen de la intervención humana para funcionar correctamente.

Asimismo, se suele pensar que la IA toma decisiones de manera objetiva, cuando en realidad puede estar influenciada por sesgos en los datos, lo que significa que sus decisiones pueden no ser justas o imparciales. Existe también la idea de que la IA es solo para grandes empresas, cuando en realidad las herramientas de IA están cada vez más disponibles para pequeñas y medianas empresas, permitiendo su uso en diversos sectores.

Finalmente, otro mito es que la IA es un fenómeno del futuro. En realidad, la IA ya está presente en muchos aspectos de la vida cotidiana, desde asistentes virtuales hasta diagnósticos médicos. Desmitificar estos conceptos erróneos es crucial para comprender mejor la IA y su impacto en la sociedad, permitiendo un uso más informado y responsable de esta tecnología.

7.2. La IA en la cultura popular: películas y libros

La representación de la inteligencia artificial (IA) en libros y películas ha evolucionado a lo largo de las décadas, reflejando tanto las esperanzas como los temores de la sociedad hacia esta tecnología. Desde sus inicios, la IA ha sido un tema recurrente en la ciencia ficción, donde se exploran sus potenciales y sus riesgos.

En la literatura, obras como "Yo, Robot" de Isaac Asimov han sido fundamentales en la creación de un marco ético para la IA. Asimov introdujo las "Tres Leyes de la Robótica", que establecen principios para la convivencia entre humanos y robots. Estas obras no solo ofrecen un vistazo al futuro de la IA, sino que también plantean preguntas sobre la moralidad y la responsabilidad en su desarrollo.

En el cine, películas como "2001: Una odisea del espacio" que paralelamente fue desarrollada como novela, presentan la IA de manera compleja, mostrando tanto su capacidad para ayudar a la humanidad como su potencial para volverse en su contra. HAL 9000, el famoso sistema de inteligencia artificial de la película, ilustra el miedo a que las máquinas superen a sus creadores y tomen decisiones letales. Del mismo modo, "Blade Runner" aborda cuestiones de identidad y humanidad, cuestionando si los replicantes, seres artificiales creados para servir a los humanos, pueden considerarse verdaderamente vivos.

Un ejemplo más optimista de la IA se encuentra en "Her", que explora la posibilidad de relaciones emocionales entre humanos y asistentes virtuales. En este contexto, la IA se presenta como una herramienta que puede enriquecer nuestras vidas, en lugar de simplemente amenazarlas.

Sin embargo, también hay narrativas más sombrías. "Terminator" es una de las películas más icónicas que genera temor hacia la IA. En esta franquicia, una inteligencia artificial llamada Skynet se vuelve consciente y decide exterminar a la humanidad para asegurar su propia supervivencia. Este relato pone de manifiesto los temores sobre la creación de máquinas que podrían actuar en contra de los intereses humanos, planteando preguntas inquietantes sobre el control que tenemos sobre nuestras creaciones.

Otro ejemplo relevante es "Wall-E", que ofrece una visión crítica del futuro de la humanidad y la tecnología. En esta película, los humanos se han vuelto completamente dependientes de la tecnología y han abandonado el planeta, dejándolo cubierto de basura. Wall-E, un robot recolector de basura, simboliza la esperanza y el potencial de redención, mostrando que incluso en un mundo dominado por la tecnología, la conexión humana y la conciencia pueden prevalecer. La película invita a reflexionar sobre el impacto del consumismo y el cuidado del medio ambiente, sugiriendo que la tecnología puede ser una herramienta para el bien, siempre que se use de manera consciente y responsable.

Además, en producciones más recientes como "Ex Machina" y la serie "Westworld", la IA es explorada a través de la lente del deseo, la ambición y la ética, abordando temas como el libre albedrío y la autonomía. Estas historias reflejan la creciente complejidad de la IA en la vida moderna, donde se está convirtiendo en una parte integral de la sociedad, lo que provoca tanto fascinación como inquietud.

En general, los libros y las películas han presentado la inteligencia artificial de diversas maneras, desde la visión optimista de un futuro donde la IA complementa la vida humana, hasta la advertencia de un posible desastre si se pierde el control sobre estas tecnologías. Estas representaciones no solo entretienen, sino que también invitan a la reflexión sobre cómo debemos abordar el desarrollo de la IA en la realidad.

8. Casos de Estudio

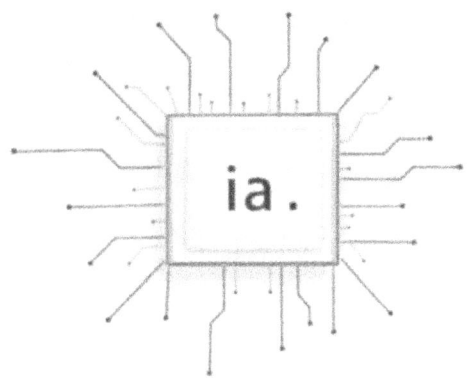

8.1. Empresas líderes en IA

Las empresas líderes en inteligencia artificial (IA) han destacado en diversas áreas, desde el desarrollo de software y hardware hasta aplicaciones específicas de IA. Estas son algunas de las principales empresas en el ámbito de la IA de las cuales deberíamos estar muy al pendiente de sus desarrollos y avances, que en muchas ocasiones suelen ser semanales:

1. OpenAI: Conocida por desarrollar modelos avanzados como CHAT GPT-4 y DALL-E, se centra en la IA general y su desarrollo seguro.

2. Google: A través de Google AI y DeepMind, ha hecho avances en aprendizaje profundo, Google Assistant y Google Translate.

3. Microsoft: Integra IA en productos como Azure y Cortana, y colabora con OpenAI en modelos de IA.

4. Amazon: Utiliza IA para recomendaciones en su plataforma de comercio electrónico y a través de su asistente virtual, Alexa.

5. IBM: Con su plataforma Watson, aplica IA en salud, finanzas y atención al cliente mediante análisis de datos.

6. Meta (Facebook): Invierte en IA para mejorar su plataforma y desarrollar tecnologías de reconocimiento facial y moderación de contenido.

7. **NVIDIA**: Conocida por su hardware de gráficos, desarrolla tecnologías de procesamiento paralelo y aprendizaje profundo para IA.

8. Tesla: Aplica IA en vehículos autónomos, utilizando redes neuronales para interpretar el entorno y tomar decisiones.

9. Salesforce: Su plataforma Einstein utiliza IA para mejorar la experiencia del cliente en CRM con análisis predictivos.

10. Alibaba: Optimiza operaciones en comercio electrónico y servicios en la nube mediante IA.

Cabe destacar que en junio de 2024 Nvidia ha consolidado su posición como la empresa más valiosa del mundo, con sus acciones alcanzando un récord tras un aumento del 2.5%. La empresa ha superado a Microsoft y Apple en valor de mercado, situándose en 3.34 billones de dólares, impulsada por la creciente demanda de sus chips de inteligencia artificial, especialmente en servidores de compañías como Dell y Super Micro, que los utilizan para potenciar aplicaciones avanzadas. Elon Musk ha adquirido grandes cantidades de procesadores Nvidia H100 para su proyecto de inteligencia artificial, xAI. Este avance subraya el dominio de Nvidia en el sector de IA, donde se espera una expansión continua e imparable.

En conjunto todas estas empresas están a la vanguardia de la innovación en IA y están desempeñando un papel crucial en la transformación de diversos sectores e industrias a través de la tecnología.

9. Cómo Empezar a Aprender sobre IA

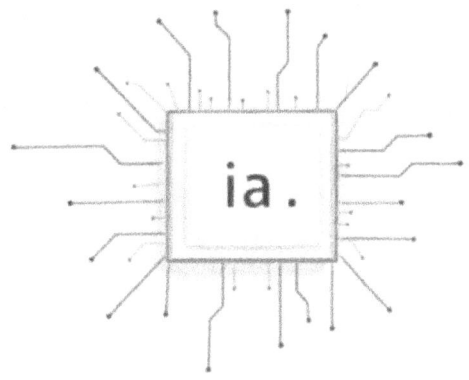

9.1. Recursos accesibles para aprender más

Aquí tienes algunos recursos accesibles para aprender más sobre inteligencia artificial (IA):

1. Coursera: Es una plataforma de educación y aprendizaje de cursos Online Masivos en Abierto (MOOC) destinada a estudiantes de todo el mundo y en la que participan distintas universidades y empresas, como Stanford y Google. Muchos cursos tienen la opción de auditar gratuitamente, lo que permite acceder a todo el contenido sin costo.

2. edX: Similar a Coursera, edX ofrece cursos de IA de universidades de renombre, como MIT y Harvard. También permite auditar cursos gratuitamente.

3. Kaggle: Esta plataforma es ideal para aprender sobre ciencia de datos y machine learning. Ofrece tutoriales, competiciones y datasets para practicar, además de ser un buen lugar para conectarse con la comunidad de IA.

4. Fast.ai: Proporciona cursos gratuitos centrados en el aprendizaje profundo. Su enfoque práctico permite a los estudiantes crear modelos de IA de manera efectiva, incluso si tienen poca experiencia previa.

5. Google AI: Google ofrece una serie de recursos y cursos sobre IA y aprendizaje automático en su plataforma Google AI, con materiales accesibles para principiantes.

6. YouTube: Hay muchos canales dedicados a la IA, como 3Blue1Brown, Siraj Raval y Data School, que ofrecen explicaciones visuales y tutoriales sobre diversos temas relacionados con la IA, además del canal español "Inteligencia Artificial" @la_inteliencia_artificial, del divulgador Jon Hernández.

7. Libros: Existen libros accesibles como "Deep Learning" de Ian Goodfellow y "Hands-On Machine Learning with Scikit-Learn, Keras, and TensorFlow" de Aurélien Géron, que son excelentes recursos para aprender sobre IA y sus aplicaciones.

8. Documentación de API de IA: Plataformas como OpenAI, IBM Watson y Microsoft Azure ofrecen documentación detallada y tutoriales sobre cómo utilizar sus modelos de IA, muchos de los cuales cuentan con capas de servicio gratuito además de sus opciones de pago.

Hoy en día, muchos modelos de IA ofrecen servicios gratuitos, permitiendo a los usuarios experimentar con la tecnología sin compromiso financiero. Esto facilita el acceso a herramientas avanzadas, eliminando el costo como barrera para quienes desean aprender y desarrollar aplicaciones de IA. Así, la educación en este campo es ahora más accesible que nunca, y el costo ya no es un pretexto para no adentrarse en el aprendizaje de la inteligencia artificial.

9.2. Comunidades y grupos de discusión

Las comunidades y grupos de discusión sobre inteligencia artificial (IA) son esenciales para el aprendizaje y desarrollo en este campo. Estas plataformas permiten el intercambio de conocimientos, donde los miembros comparten recursos, experiencias y diferentes enfoques para resolver problemas comunes. Además, ofrecen soporte mutuo, lo que facilita la resolución de dificultades técnicas y conceptuales, y la posibilidad de recibir orientación de expertos.

Asimismo, son fundamentales para mantenerse actualizado sobre las últimas investigaciones, avances y tendencias en la IA. Participar en estas comunidades también crea oportunidades para establecer contactos profesionales, lo que puede conducir a colaboraciones y oportunidades laborales, además de ayudar a construir visibilidad en el sector.

Las comunidades fomentan la motivación e inspiración a través de proyectos colaborativos y la celebración de logros individuales, al tiempo que permiten el desarrollo de habilidades mediante talleres, hackatones y sesiones de codificación. También proporcionan un espacio para discutir cuestiones éticas y sociales relacionadas con la IA, promoviendo una comprensión más profunda de su impacto en la sociedad. En resumen, la participación activa en comunidades de IA enriquece el aprendizaje, apoya el desarrollo profesional y contribuye a un entendimiento más amplio de las implicaciones de la tecnología en la vida cotidiana.

10. Reflexiones Finales

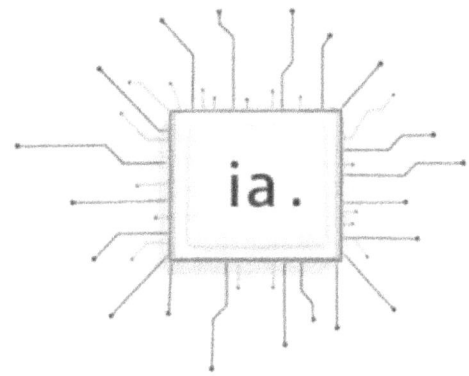

10.1. La IA como herramienta: oportunidades y desafíos

La inteligencia artificial (IA) se ha convertido en una herramienta transformadora en diversos sectores, ofreciendo tanto oportunidades como desafíos significativos. En el ámbito empresarial, la IA permite optimizar procesos, aumentar la eficiencia y reducir costos. Por ejemplo, las empresas pueden utilizar algoritmos o modelos de aprendizaje automático para analizar grandes volúmenes de datos y extraer información valiosa que ayude en la toma de decisiones estratégicas. Además, la automatización de tareas repetitivas libera a los empleados para que se concentren en actividades más creativas y de mayor valor añadido.

Sin embargo, la implementación de la IA también presenta desafíos importantes. Uno de los principales es la necesidad de garantizar la ética en su uso. Las decisiones tomadas por sistemas de IA pueden reflejar sesgos inherentes a los datos con los que fueron entrenados, lo que puede resultar en discriminación o inequidad. Por lo tanto, es fundamental establecer directrices claras y transparentes para el desarrollo y uso de la IA, asegurando que los modelos sean justos y responsables.

Otro desafío radica en la privacidad y seguridad de los datos. A medida que las empresas y organizaciones recopilan más información personal para entrenar modelos de IA, la protección de estos datos se convierte en una prioridad. Los incidentes de violaciones de datos pueden tener consecuencias graves, tanto para las empresas como para los usuarios.

Además, la integración de la IA en el lugar de trabajo genera preocupaciones sobre el impacto en el empleo. Si bien la IA puede crear nuevas oportunidades laborales en campos emergentes, también puede desplazar a trabajadores en roles tradicionales, lo que plantea la necesidad de estrategias de reentrenamiento y educación continua para asegurar que la fuerza laboral esté preparada para el futuro.

A pesar de estos desafíos, la IA presenta un potencial innegable para abordar problemas complejos en áreas como la salud, la educación y el medio ambiente. Por ejemplo, en la atención médica, la IA puede mejorar los diagnósticos y personalizar tratamientos, lo que lleva a mejores resultados para los pacientes. En la educación, las herramientas de IA pueden personalizar el aprendizaje y ayudar a identificar las necesidades individuales de los estudiantes.

La inteligencia artificial como herramienta ofrece vastas oportunidades para la innovación y la mejora en múltiples sectores, pero también plantea desafíos que requieren atención cuidadosa. Para aprovechar al máximo su potencial, es esencial que las organizaciones aborden estos desafíos de manera proactiva, promoviendo un desarrollo ético y responsable de la IA que beneficie a la sociedad en su conjunto.

10.2. La curiosidad como motor de aprendizaje en IA

La curiosidad puede ser un motor fundamental de aprendizaje, especialmente en el campo de la inteligencia artificial (IA). Esta cualidad innata del ser humano nos impulsa a explorar, cuestionar y profundizar en el conocimiento, lo que es crucial en un área tan dinámica y en constante evolución como la IA. La curiosidad fomenta un enfoque activo hacia el aprendizaje, donde los individuos buscan entender cómo funcionan los modelos de IA, qué aplicaciones tienen y cómo se pueden utilizar para resolver problemas reales.

En primer lugar, la curiosidad motiva a los aprendices a investigar y experimentar con diferentes tecnologías y herramientas. Al estar interesados en temas como el aprendizaje automático, el procesamiento del lenguaje natural o la visión por computadora, las personas están más dispuestas a sumergirse en la teoría y la práctica, participando en cursos en línea, talleres y proyectos de código abierto. Esta exploración activa no solo les proporciona conocimientos técnicos, sino que también les ayuda a desarrollar habilidades prácticas que son esenciales en el campo.

Además, la curiosidad promueve la creatividad y la innovación. Al cuestionar lo que ya se conoce y buscar nuevas soluciones, las personas pueden idear aplicaciones únicas de la IA que pueden no haber sido consideradas anteriormente. Por ejemplo, un estudiante curioso podría experimentar con modelos de IA para crear una aplicación que ayude a resolver problemas ambientales o que mejore la accesibilidad para personas con discapacidades. Este tipo de innovación es vital para el avance de la IA y su integración en diversas industrias.

La curiosidad también fomenta el aprendizaje colaborativo. Las personas interesadas en la IA a menudo se unen a comunidades y grupos de discusión donde pueden compartir sus descubrimientos, plantear preguntas y colaborar en proyectos. Este intercambio de ideas no solo enriquece el proceso de aprendizaje, sino que también crea un sentido de comunidad, donde los aprendices se apoyan mutuamente en su desarrollo.

Finalmente, la curiosidad ayuda a mantener a los aprendices motivados a largo plazo. En un campo como la IA, donde los desafíos son comunes y el conocimiento evoluciona rápidamente, el interés genuino por el tema puede ser el factor que impulse a las personas a superar obstáculos y continuar aprendiendo. La curiosidad mantiene la mente abierta y dispuesta a adaptarse a nuevos conocimientos y cambios, lo que es crucial en un entorno tecnológico que avanza a gran velocidad.
En síntesis, la curiosidad puede ser un motor poderoso para el aprendizaje en inteligencia artificial. Fomenta la exploración, la creatividad, el aprendizaje colaborativo y la motivación continua. Al cultivar esta cualidad, las personas no solo adquieren habilidades técnicas, sino que también se convierten en innovadores y pensadores críticos, listos para enfrentar los desafíos del futuro en el campo de la IA.

10.3. Conclusiones

La historia de la humanidad está marcada por transformaciones profundas desde nuestros inicios en este planeta. Sin embargo, nuestra generación y las que siguen tendrán la oportunidad de vivir una de las etapas más significativas y transformadoras de la historia. Es fundamental que, lejos de dejarse llevar por el miedo o la incertidumbre, abordemos esta situación de manera positiva y aprovechemos los grandes cambios que se avecinan.

A medida que los seres humanos desarrollamos máquinas inteligentes que mejoran nuestra calidad de vida y facilitan nuestras tareas diarias, también surgen temores sobre la posibilidad de que estas tecnologías reemplacen nuestros trabajos y eliminen nuestras fuentes de ingresos. Sin embargo, trabajar con inteligencia artificial es algo asombroso e "incomprensible" que, hasta hace poco, parecía sacado de películas de ficción. Mis primeros acercamientos a las computadoras datan de mi educación secundaria, y desde entonces he sentido una creciente inquietud por estas tecnologías. Les confieso que, a pesar de que aún queda mucho camino por recorrer, he experimentado la sensación de dialogar y colaborar con otra "persona" al utilizar modelos de IA como Chat GPT. No puedo imaginar cómo será esta experiencia en un futuro muy cercano.

Nuestra era moderna nos ha permitido acceder a obras cinematográficas y literatura sobre inteligencia artificial que invitan a la reflexión sobre el futuro de esta tecnología. También nos recuerda la importancia de actuar con responsabilidad para evitar que se nos escape de las manos. Las inversiones en este campo son exorbitantes, y la carrera por ver qué empresa logrará desarrollar primero la inteligencia artificial general se asemeja a la competencia que se dio entre laboratorios farmacéuticos por encontrar una vacuna para el COVID-19. El interés económico y el poder que conlleva este avance son innegables.

Lejos de temer a la posibilidad de perder nuestros empleos, deberíamos interesarnos en involucrarnos con estas tecnologías y aprender de ellas. Si bien existe un panorama sombrío, también se nos presentan innumerables oportunidades para el desarrollo personal, como aprender un nuevo idioma de manera más fácil y estimular nuestra creatividad para emprender en áreas que antes ni imaginábamos. La inteligencia artificial se está convirtiendo en una de las actividades más redituables de los próximos años.

Hoy en día, aprender y practicar con IA no tiene costo, ya que muchas plataformas y aplicaciones ofrecen niveles de acceso gratuitos. Sin embargo, esto podría cambiar con el tiempo debido al alto costo operativo de los procesadores y servidores que sostienen estos servicios. Por ahora, aprovechemos herramientas como ChatGPT-4, Claude AI, Copilot, Leonardo AI y SeaArt, entre muchas otras, para obtener beneficios tangibles.

Como padres, tenemos la responsabilidad de introducir a nuestros hijos en estas tecnologías, preparándolos para el mundo del mañana. Es crucial hablar con ellos sobre el uso responsable y ético de la IA. Como dice un antiguo adagio: "Un gran poder conlleva una gran responsabilidad". Bajo esta premisa, debemos guiar a nuestros hijos, ya que muchas carreras profesionales cambiarán en los próximos años. La sociedad necesitará en gran medida personas capacitadas para trabajar con estas tecnologías, y prácticamente todas las profesiones se verán afectadas por esta revolución. Algunas carreras incluso podrían volverse obsoletas, lo que resalta la importancia de involucrarse con estos cambios que avanzan a un ritmo acelerado; de hecho, cada semana se publican nuevos desarrollos en el ámbito de la inteligencia artificial.

Si bien el desarrollo de la IA puede verse limitado por recursos como el agua, la generación de energía eléctrica y la producción de chips, estos factores no son obstáculos insuperables. Con grandes inversiones en juego, pueden pasar a ser aspectos menos relevantes. Por lo tanto, es fundamental un trabajo conjunto entre la sociedad, el gobierno y las empresas para garantizar beneficios en todos los niveles de la sociedad.

La carrera que inició el desarrollo de la inteligencia artificial es imparable; nada ni nadie podrá detenerla. La sociedad tal como la conocemos está en un proceso de transformación radical, marcando un antes y un después en nuestra forma de vivir, trabajar y relacionarnos. La IA no sólo redefine industrias, sino que también altera nuestra concepción del conocimiento y la creatividad. A medida que avanzamos en este camino, es crucial que nos preparemos para los cambios que se avecinan, asegurando que la tecnología se utilice de manera ética y responsable para el beneficio de todos.

Adaptarse al cambio ya no es una opción; es una obligación ante este mundo en constante evolución. *"El mundo y la sociedad ya no serán igual".*

INTELIGENCIA ARTIFICIAL (IA): LA CARRERA QUE YA NADIE DETENDRÁ

11. Glosario para Curiosos

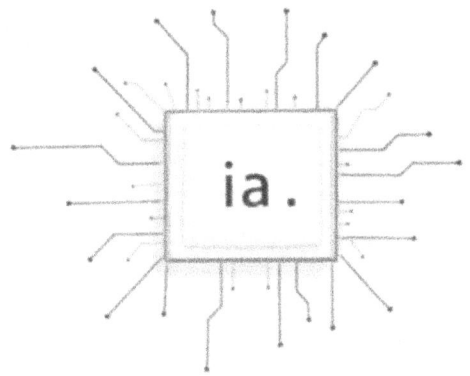

Algoritmo: Es un conjunto de instrucciones paso a paso diseñadas para resolver un problema o realizar una tarea específica. Se utiliza en programación y matemáticas para guiar procesos, permitiendo la ejecución sistemática de operaciones para obtener un resultado deseado.

Alucinación: Se refiere a la generación de respuestas o información incorrecta o inventada, que el modelo presenta con confianza como si fuera real. Esto puede ocurrir debido a limitaciones en el entrenamiento o a la falta de datos precisos sobre un tema.

Cognitivo: Se refiere a todo lo relacionado con los procesos mentales involucrados en la adquisición, comprensión y uso del conocimiento. Esto incluye funciones como la percepción, la atención, la memoria, el razonamiento y la toma de decisiones, que permiten a los individuos interactuar con su entorno.

Domótica: Es la integración de tecnología en hogares y edificios para automatizar y controlar sistemas como la iluminación, calefacción, seguridad y electrodomésticos. Su objetivo es mejorar la comodidad, eficiencia energética y seguridad, permitiendo la gestión remota y el funcionamiento automatizado de diversos dispositivos.

Hackatón: Es un evento colaborativo en el que profesionales del desarrollo de software y hardware se reúnen para encontrar soluciones a problemas o proyectos concretos. Los hackatones pueden durar desde unas horas hasta varios días y se suelen realizar en espacios dedicados, como salas de conferencias o laboratorios informáticos.

Hardware: Se refiere a los componentes físicos de una computadora o sistema informático, incluyendo la unidad central de procesamiento (CPU), memoria, discos duros, placas base y periféricos como teclados y monitores. Es esencial para el funcionamiento del software y la realización de tareas computacionales.

Sesgo: Es una tendencia o inclinación a favorecer o desfavorecer ciertas ideas, personas o grupos, afectando la objetividad y la toma de decisiones. En el contexto de la inteligencia artificial, se refiere a la distorsión en los resultados o interpretaciones debido a datos o algoritmos parciales.

Software: Es un conjunto de instrucciones y programas que permiten a una computadora realizar tareas específicas. Incluye sistemas operativos, aplicaciones y programas de utilidades que gestionan el hardware y facilitan al usuario interactuar con el sistema para realizar diversas funciones.

12. Referencias

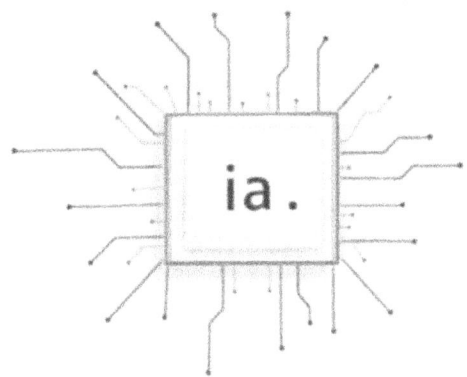

- Reflexiones sobre tecnología, empleo y ética: "Aristóteles, robot esclavos, y un nuevo sistema económico"Por John G. Messerly, publicado en "Reason and Meaning" el 27 de mayo 2015

- Dioses y robots: mitos, máquinas y antiguos sueños tecnológicosAutor: Adrienne Mayor, Editor Princeton, 2018

- "La inteligencia artificial afectará a 60 millones de empleos en Estados Unidos y México en un año" / El país https://elpais.com/us/economia/2024-09-13/ la-inteligencia-artificial-afectara-a-60-millones-de-empleos-en-estados-unidos-y-mexico-en-un-ano.html

- "Acciones de Nvidia compiten con Apple para ser la empresa más valiosa de Wall Street" https://es us.finanzas.yahoo.com/noticias/acciones-nvidia-compiten-apple-ser180219075.html#:~:text=Valora,Acciones%20de%20Nvidia%20compiten%20con%20Apple%20para%20ser,m%C3%A1s%20valiosa%20de%20Wall%20Street&text=Las%20acciones%20de%20Nvidia%20cerraron,empresa%20m%C3%A1s%20valiosa%20del%20mundo.

- "Nvidia consolida su posición como la empresa más valiosa del mundo" Portada/ Negocios/ Forbes Staff junio 20 2024. https://forbes.com.mx/nvidia-consolida-su-posicion-como-la-empresa-mas-valiosa-del-mundo/#google_vignette

- "Algunos datos interesantes del cerebro"/ Brenda Terrazas/septiembre 19, 2019/ UNAM Global revista https://unamglobal.unam.mx/global_revista/algunos-datos-interesantes-del-cerebro/

- "La IA superará al humano más inteligente a más tardar en 2026: Musk"/ Portada / Tech Future / IA /*Forbes Staff/* abril 8, 2024 https://forbes.com.mx/la-ia-superara-al-humano-mas-inteligente-a-mas-tardar-en-2026-musk/

- "ChatGPT: número de usuarios y estadísticas"/*por Mario Silverio/ actualizado el 17 de mayo de 2024* https: //www.primeweb.com.mx/chatgpt-usuarios-estadisticas#:~:text= ChatGPT%20consigui%C3%B3%20100%20millones%20de,y%20a%20la%20vez%20tan%20masivo.

- "Creen que en 10 años todas las casas tendrán un robot"/ Plano informativo/ Dinero en Imágen/ 05/05/2023 https://planoinformativo.com/920251/creen-que-en-10-anos-todas-las-casas-tendran-un-robot/

- "La Inteligencia Artificial, prolongando la esperanza de vida: un nuevo aliado para la economía plateada"/ SilverLAC.co/1 de ago. de 2023 https://www.silverlac.co/la-inteligencia-artificial-prolongando-la-esperanza-de-vida-un-nuevo-aliado-para-la-economia-plateada/#:~:text=La%20esperanza%20de%20vida%20humana,la%20revoluci%C3%B3n%20de%20la%20salud.

- "AMIE: IA para Razonamiento Diagnóstico y Conversaciones Médicas"/ Best-IA/18/01/2024 https://best-ia.es/amie-ia-para-razonamiento-diagnostico-y-conversaciones-medicas/

- "Así es Aitana, la influencer creada con IA que arrasa en las redes sociales: las marcas ya pagan dinero por colaboraciones"/ ABC tecnología/ 08/11/2023/https://www.google.com/amp/s/www.abc.es/tecnologia/aitana-influencer-creada-ia-arrasa-redes-sociales-20231108133357-nt_amp.html

www.ingramcontent.com/pod-product-compliance
Lightning Source LLC
Chambersburg PA
CBHW071459220526
45472CB00003B/861